U0674777

经济高质量发展学术文库

人口老龄化背景下我国医养结合养老服务业财税支持政策研究

Research on the Financial and Tax Support Policy of China's Medical and Pension Services under the Background of Aging Population

刘春芝 时晨晨 关雨青 著

东北财经大学出版社
Dongbei University of Finance & Economics Press
大连

图书在版编目（CIP）数据

人口老龄化背景下我国医养结合养老服务业财税支持政策研究 / 刘春芝，时晨晨，关雨青著. —大连：东北财经大学出版社，2025.4. —（经济高质量发展学术文库）. —ISBN 978-7-5654-5642-8

Ⅰ. F726.99

中国国家版本馆CIP数据核字第20259CG047号

人口老龄化背景下我国医养结合养老服务业财税支持政策研究
RENKOU LAOLINGHUA BEIJING XIA WOGUO YIYANGJIEHE YANGLAO FUWUYE
CAISHUI ZHICHI ZHENGCE YANJIU

东北财经大学出版社出版发行

大连市黑石礁尖山街217号　邮政编码　116025

网　　　址：http：//www.dufep.cn

读者信箱：dufep@dufe.edu.cn

大连金华光彩色印刷有限公司印刷

幅面尺寸：170mm×240mm　字数：214千字　印张：13.25　插页：1

2025年4月第1版　　　　　　　　2025年4月第1次印刷

责任编辑：蔡　丽　石建华　　　　责任校对：何　群

封面设计：原　皓　　　　　　　　版式设计：原　皓

书号：ISBN 978-7-5654-5642-8　　定价：78.00元

作者简介

刘春芝

女，1970年出生，辽宁沈阳人，沈阳师范大学国际商学院副院长，教授，博士，研究方向：产业经济。曾主持国家级和省部级科研项目50多项，在《经济管理》《财经问题研究》《社会科学辑刊》《中国高等教育》等核心期刊上发表论文数十篇，获得辽宁省哲学社会科学成果奖等多项省部级奖励。荣获辽宁省教学名师、辽宁省优秀创业导师、辽宁省"百千万人才工程"百层次、辽宁省优秀人才、沈阳市领军人才、沈阳市优秀共产党员、沈阳市五一巾帼先进个人等荣誉称号。现兼任辽宁省普通高等学校工商管理类专业教学指导委员、辽宁省经济发展研究会副会长、辽宁省政协委员。

时晨晨

女，2000年出生，河北沧州人，沈阳师范大学国际商学院经济学硕士，研究方向：财税政策。曾在省级以上核心期刊公开发表5篇学术论文，连续2年获评辽宁省社科联社会科学学术年会论文优秀成果奖，在校期间参与20余项专业竞赛和科研项目。硕士研究生期间学业成绩和综合成绩均专业排名第一，荣获国家奖学金、辽宁省优秀毕业生、优秀学生干部等荣誉。

关雨青

男，2002年出生，辽宁沈阳人，中国政法大学民商经济法学院在读硕士研究生，研究方向：财税法。曾在省级以上核心期刊公开发表6篇学术论文，参与省级以上科研项目4项。本科期间学业成绩和综合成绩均专业排名第一，荣获国家奖学金、北京市优秀毕业生等荣誉，毕业论文获评校优秀毕业论文。

前言

　　随着我国人口老龄化程度持续加深，传统养老服务模式已难以满足日益多元化的养老服务需求。医养结合养老服务作为应对老龄化挑战的新型养老模式应运而生。但当前其发展既面临市场需求不足的风险，也存在资源配置失衡、供给效率低下等问题。本书聚焦财税政策视角，首先，剖析困境和供需失衡产生的深层次制度根源；其次，系统探究如何通过制度创新突破医养结合养老服务业发展瓶颈。在此基础上，提出医养结合养老服务业财税制度创新举措，以促进医养结合养老服务业高质量发展。

　　本书在系统梳理和整合国内外医养结合养老服务领域及其配套财税政策的研究成果后，明确了核心研究框架与关键切入点。本书的研究主体分为五大模块：

　　第一，针对现行财税政策展开实证分析。本书通过政策文本的系统梳理与深度解析，运用内容分析法构建四维分析模型，系统阐释我国医养结合养老服务领域财税工具的应用特点。

　　第二，在政策文本分析的基础上，深入剖析医养结合养老服务业的内在特征。本书引入波特竞争优势理论，从生产要素，需求条件，相关支撑产业，企业战略、结构和竞争四大核心要素，以及政策机遇与政府行为两大动态要素等方面展开多维度探讨，分析我国医养结合养老服务业发展的现状和困境，以及政策实施效果。

第三，基于波特钻石模型供给要素的分析结果，本书运用灰色系统理论模型展开分析，根据灰色关联系数大小选出供给维度的代表性指标。基于波特钻石模型需求要素分析结果和"中国健康与养老追踪调查（China Health and Retirement Longitudinal Study，CHARLS）"微观调研数据，本书通过二元Logit回归模型实证分析我国老年人选择医养结合养老机构的需求影响因素，得出需求维度的代表性指标。

第四，基于供需两端影响因素，本书从养老服务水平、医疗服务水平、医养需求水平、养老保险发展水平和医药制造业发展水平5个维度构建指标体系，综合测度我国31个省（自治区、直辖市）2013—2022年医养结合养老服务业发展水平的综合得分。

第五，基于测度结果，本书从财政支持和税收优惠两个方面，利用31个省（自治区、直辖市）2013—2022年的面板数据，构建双向固定效应模型展开实证分析。实证研究发现，财政支持和税收优惠对医养结合养老服务业的发展具有显著的促进作用。

通过借鉴国外发达国家医养结合养老服务业的财税政策经验，本书提出促进我国医养结合养老服务业发展的财税政策建议。

本书是辽宁省社会科学规划基金项目《人口老龄化背景下辽宁省实施智慧医养结合PPP模式的有效路径研究》（项目编号：L22AJY016）的研究成果。本书的出版正值我国养老服务体系建设从"补缺型"向"普惠型"转型的关键阶段，既可为政府部门优化政策工具箱提供决策参考，也能为养老机构提升政策红利获取能力给予方法论指导，更试图在积极应对人口老龄化的国家战略中贡献学术智慧。

由于作者水平有限，本书存在跨部门数据获取困难的局限性，期待后续研究能在长期护理保险与财税政策的协同机制等领域实现突破。

谨以此书献给所有为中国养老事业躬耕的实践者与研究者。

作　者

2025年3月

目录

第一章　绪论

第一节　研究背景及意义

一、研究背景

（一）人口"六化"形势严峻

人口"六化"，是指人口老龄化、失能化、失智化、高龄化、空巢化以及失独化。中国自2000年进入人口老龄化社会（2000年中国65岁及以上人口达到总人口的7%）[①]，老年人口数量逐年上升，并呈加速态势，已呈现鲜明的国情特征。

[①]　国家统计局. 第十届统计开放日 [EB/OL]. （2019-08-22）[2025-03-17]. https://www.stats.gov.cn/zt_18555/zthd/sjtjr/d10j/70cj/202302/t20230216_1909165.html.

1.老年人口基数庞大，老龄化程度持续加深

国家统计局发布的数据显示，2024年年末，我国60岁及以上老年人口占全国人口的比重为22.0%，其中，65岁及以上老年人口占比15.6%。[①]相较于2023年，我国60岁及以上、65岁及以上人口占全国总人口的比重，分别增长了0.9%和0.2%。[②]人口老龄化程度继续加深，老年人口增长速度较快。按照国际上老龄化社会划分标准，这标志着继2000年中国以7%的老龄化率进入老龄化社会之后，老龄化程度又进入了新的阶段。据国家统计局数据，2024年年末，60岁及以上老年人口总量突破3亿人，进入中度老龄化阶段；到2035年，60岁及以上老年人口将突破4亿人，在总人口中的占比将超过30%，进入重度老龄化阶段；到2050年，60岁及以上老年人口数量约为5亿人，其中65岁及以上老年人口将达到3.8亿人，占总人口的27.9%，我国老年人口规模和比重将达到峰值。[③]随着我国人口老龄化趋势的加剧，老年人口比重不断上升导致每个劳动年龄人口需要负担的老年人口数量增加，如果劳动参与率及人口出生率相对稳定，人口老龄化必然导致劳动力供给下降，经济增长率依然面临下行的压力，从而加重了养老负担。这种趋势对我国养老服务业的财税政策和经济发展都提出了更高的要求，需要采取有效的财税政策促进养老服务业发展。

2.失能老人数量增长加剧，失能化、失智化程度持续加深

在由武汉大学健康医疗大数据国家研究院主办的"中国老年健康报告（2024）"发布会中，相关数据显示，我国2021—2023年60岁及以上失能人口规模达4 654万人，失能率为16.2%；年总成本为1.35万亿元，占2023年全国GDP的1.07%；人均失能人口的经济负担约为每月2 420元，其中最重要的部分是非正式家庭照料，占总负担的82.2%。失能比例仍有继续上升的趋势，北京大学的一项人口学研究显示，到2030年，我国失

---

① 原新. 发展银发经济 积极应对人口老龄化［N］. 人民日报，2025-03-17（9）.

② 民政部. 2023年度国家老龄事业发展公报［EB/OL］.（2024-10-12）［2025-03-17］. https://www.gov.cn/lianbo/bumen/202410/content_6979487.htm.

③ 李红刚，唐蕾，朱劲松，等. 为什么要延迟退休? 我国人口老龄化程度有哪些变化?［EB/OL］.（2024-09-12）［2025-03-17］. https://www.mohrss.gov.cn/SYrlzyhshbzb/ztzl/zt202409/zcjd/202409/t20240912_525683.html.

能老人规模将超过7 700万人，如果不实施防控措施，到2050年将进一步增加到9 571万人。在余寿生存质量方面，我国2023年人均预期寿命是77岁，但是健康预期寿命仅为68.7岁，也就是说，居民平均有8年多的时间带病生存。①从目前中国老年人口的统计数字看，我国老年群体的失能状况不容乐观，老年人患病时间早，带病时间长，并且对照护的需求较大。值得注意的是，中国还是世界上失智患者最多的国家，失智患者人数占整个亚太地区失智患者的40%。随着老年人口年龄的增长，失智的发生率还会呈指数增长。

3.人口呈现高龄化趋势

人口高龄化是指年龄在80岁及以上的老年人口占老年总人口的比例不断上升的过程。值得关注的是，我国80岁及以上的高龄老年人口比例正呈上升趋势。这一现象预示着我国老年人口结构正在发生变化，对社会养老保障和医疗服务等方面提出了更高的要求。2020年的数据显示，60~69岁年龄段的老年人口比例最高，达到了55.83%，紧随其后的是70~79岁年龄段的老年人口，占比30.61%，80岁及以上人口占比13.56%。与2000年和2010年的数据相比，60~69岁年龄段的老年人口比例呈现出下降的趋势，70~79岁年龄段的老年人口比例略有减少，值得注意的是，80岁及以上的老年人口比例却呈现出持续上升的态势。2020年80岁及以上老年人口超过3 580万人，比2010年增加1 481万人，增长了70%。②这表明我国人口老龄化进程中高龄老年人口占比正在不断上升。根据全国老龄委公布的数据，随着人口平均寿命的延长，80岁及以上高龄老人的数量将会持续上升，预计至2030年全国高龄老人将会达到4 300万人，到2035年高龄老人将达到 6 100万人，2050年将超过1.1亿人。

4.人口年龄结构总体呈现明显的空巢失独化特征

独居或空巢老年人数量在2020年增长至1.18亿人。据预测，到2030年将会达到1.8亿人，2050年将达到2.62亿人。伴随而来的就是少子化，从本质上看，空巢失独化和少子化并不是孤立存在的人口问题，两者之间

---

① 国家卫生健康委员会.健康中国行动推进委员会办公室召开新闻发布会，解读"健康中国行动"之老年健康促进行动有关情况［EB/OL］.（2019-07-29）［2025-03-15］. https://www.sohu.com/a/330151150_120967.

② 第七次全国人口普查数据。

形成了互构的关系。为了解决老龄少子化这一问题，国家采取了渐进式的人口生育政策调整，从实行"单独二孩"到"全面二孩"，之后又提出"三孩政策"，试图满足不同人群的生育需求。然而从数据上看，2020年我国育龄妇女总和生育率为1.3，远低于国际上2.1的生育率更替标准，并达到中国历史最低水平。[①]2021年我国人口出生率进一步走低，出生人口数降至1 062万人。截至2022年4月，根据各省（自治区、直辖市）公布的2021年人口自然增长率情况，只有贵州和青海两个省的出生率高于1%，9个省（自治区、直辖市）的增长率为负数。[②]2022年全年出生人口仅为956万人，人口自然增长率为−0.60‰。[③]也就是说，尽管国家表露出释放生育潜力的坚定态度，但育龄妇女的生育意愿并不会因政策调整而发生改变，依然存在生育率继续下行的风险。有专家指出，出生人口骤减的主要因素，一方面是因为我国育龄妇女大规模减少，这一趋势将会持续到21世纪中叶，未来10余年出生人口减少已成定局；另一方面，民众生育观念发生了根本的改变，即使调整过后的生育政策也难以扭转内生性的低生育意愿，"少生优生"早已成为多数人的自觉行为。因而，中国面临严重的养老和照料危机。一方面，在人口老龄化、高龄化、失能化的背景下，老年人的潜在照料需求正在不断增加；另一方面，生育意愿不断下降导致出生人口连年减少，照料服务提供者不断减少，老年照料服务供给与需求之间严重失衡，供需之间的巨大缺口倒逼我国迫切需要医养结合长期照护服务，且趋势愈发明显。

（二）老年人的医护需求无法得到满足

首先，传统的家庭照料功能大幅度削弱。家庭养老在生活照护和精神慰藉方面发挥的作用，是其他养老方式始终无法替代的。然而，伴随中国

---

① 国家统计局. 第七次全国人口普查主要数据结果新闻发布会答记者问 [EB/OL]. （2021−05−11）[2025−03−15]. http://www.stats.gov.cn/xxgk/jd/sjjd2020/202105/t20210511_1817280.html.

② 第一财经. 23省份2021年出生人口数据出炉：9省出现自然负增长 [EB/OL]. （2022−04−04）[2025−03−20]. https://www.yicai.com/news/101369597.html.

③ 中国经济网. 王萍萍：人口总量略有下降，城镇化水平继续提高 [EB/OL]. （2023−01−18）[2025−03−20]. http://www.ce.cn/xwzx/gnsz/gdxw/202301/18/t20230118_38353400.shtml.

人口结构的变化，中国的家庭结构也不断变迁。有研究者指出，近代中国家庭模式经历了三次剧烈的冲击。第一次是 19 世纪后期，随着西方的婚姻与家庭观念传入中国，超稳定的封建家庭制度受到冲击。第二次是中华人民共和国成立初期，国家在城市中建立起从摇篮到坟墓的保障制度，基本替代了家庭的各方面功能。第三次是改革开放以来，在现代化、城市化和全球化的持续推进中，中国的社会结构、社会形态、居住方式、价值观念等均发生了一系列变革。家庭充分见证了这些变革的发生。中国传统的大家庭模式逐渐被小家庭模式所取代，家庭类型不断向多样化的方向发展。根据第七次全国人口普查数据，2020 年中国平均家庭户规模为 2.62人，相比 2018 年缩减了 0.38 人，比 2015 年缩减了 0.48 人，比 2000 年 3.44人的规模缩减了 0.82 人，二人家庭、三人家庭逐渐成为主体。不仅如此，大规模的人口流动增加了家庭的不完整性，中国的家庭结构开始呈现多样化的发展趋势，其中不仅存在纯老家庭、失独家庭、空巢家庭等大量风险家庭，也有诸如独居家庭、单婚家庭、单亲家庭、丁克家庭、同居家庭等非传统家庭类型。也就是说，现代的家庭不一定都有孩子、不一定都有父母，也不一定存在婚姻关系。以上这些家庭结构与传统意义上稳定的家庭基本"三角"有一定的距离，家庭本身在社会中就面临着诸多不确定性，呈现脆弱性的特征。综上，家庭规模缩小、家庭结构多样化对传统的家庭养老模式造成冲击，削弱了家庭的养老功能。小型化的家庭结构在内部养老资源方面存在明显不足，流动化的家庭意味着子代与父代之间存在居住分离的情况，相应地也会增加家庭的照料成本，限制了子女生活照料和精神支持的投入力度，降低了家庭日常照料能力。显然，家庭养老困境已作为一个严峻的社会问题摆在人们面前，需要国家通过更有力的举措，解决老年人"老有所养"的难题。

其次，现在我国大部分养老机构采取"医养分离"的照料模式，养老机构提供的服务主要是一些简单的生活照料，大多不会涉及医疗服务。现在最需要机构养老服务的群体是瘫痪卧床或者患有认知障碍的老年人，而以提供养老服务为主的机构通常不愿承担风险，加之提供专业的医疗护理服务的能力有限，就导致养老机构出现选择客户的现象，能够自理的老年人入住概率明显增高，失能及失智老年人却被拒之门外。而且我国的现有情况是，养老服务的人均床位数量拥有率不仅比发达国家 5%~7% 的平均水平低，甚至不及发展中国家 2%~3% 的平均水平。从常理来讲，养老床位如此之少，必然出现供不应求的现象，但是实际情况是养老机构的床位却被大量闲置。以合肥市为例，民营的老年公寓闲置床位达50%，相比之下，提供医疗服务的养老护理院床位综合使用率却达到了95%以上，个别护理院甚至一床难求。由此可见，老年人的养老服务需求层次已经发生改变，普通养老机构如果想要提高床位入住率，势必要融入医养结合服务理念，集医养护为一体的养老服务才更受老年人的青睐。

发展医养结合的养老服务已是大势所趋。我国老龄产业发展的第一部蓝皮书《中国老龄产业发展报告（2021—2022）》指出，加快发展医养结合养老服务业是积极应对人口老龄化的战略需要。专家预测，到2050年全球的老年人口总数将达到20.2亿人，其中仅我国老年人口数量就将达到4.8亿人，占比近1/4。全国老年人口的消费潜力一直到2050年都将保持持续增长，消费规模将从4万亿元逐渐增长到106万亿元，占GDP的比重将从2014年的8%增长到2050年的33%左右，中国老龄产业的市场潜力将居世界之首。基于以上的养老大环境，本书提出应在充分分析养老服务需求的基础上，结合国际经验，深入探讨我国养老服务业的发展方向和重点。

（三）财税支持医养结合养老服务业发展的政策背景分析

人口老龄化发展迅速，养老服务需求强烈，养老服务体系建设逐渐上升为国家战略。在国家政策宏观层面，养老服务体系建设规划实现了从"以居家为基础、社区为依托、机构为支撑"三位一体到"以居家为基础、社区为依托、机构为补充、医养相结合"四位一体的转变。发展养老服务体系离不开财税政策的支持，2013年我国首次迎来老年人口增长高峰，60岁及以上老年人口第一次突破2亿人，所以自2013年起我国就进入了政策出台密集期。一方面，政府作为公共产品、公共服务的供给方，承担着保障民生的责任，构建养老服务体系势必要涉及财政投入，还需要优惠补贴等相关政策予以保障；另一方面，政府给予财政支持，可以鼓励社会资本参与构建多元主体的养老服务市场，可以促进养老服务产业发展，进而缓解社会养老压力。自1982年7月26日联合国在维也纳召开首届世界老龄大会以来，老龄化问题一直受到国际社会的广泛关注。党的二十大报告中明确提出"实施积极应对人口老龄化国家战略，发展养老事业和养老产业"。近些年，国家为了实现健康老龄化，就如何实现医养结合也相继出台了一系列财税支持政策文件。2012年《中华人民共和国老年人权益保障法》的修订实施，是中国养老服务业发展历程中的一个里程碑，该法律的实施不仅体现了政府对老年人权益保护的重视，也标志着养老服务业开始受到国家层面的重点关注和支持。这为养老服务业的规范化和标准化建设奠定了法律基础。2013年，政府工作报告中明确提出深化改革、加快养老服务业发展的任务与措施，将养老服务业的发展提升到了国家战略层面，促使养老服务业转向更加系统化、规模化的发展轨道，成为一个充满生机与活力的朝阳产业。中央政府相继出台了包括土地供应、融资渠道拓宽、消费鼓励和理财保险支持在内的多项优惠政策，这些政策的实施极大地促进了养老服务业的资源配置、市场扩展和服务创新。全面扶持养老服务业的健康发展，充分展现了政府对养老服务业前景的乐观预期和坚定的支持态度。政策的实施展现了政府推动养老服务业壮大和发展的决心，为养老服务业提供了强有力的政策保障和支持环境，确保该行业能够顺应人口老龄化的趋势，满足老年人多样化和高质量的生活服务需求。

二、研究意义

（一）理论意义

第一，为政府的政策目标提供理论支撑。党和国家始终以人民为中心，对老龄问题十分重视，关注老龄群体的养老需求。在现实中，应凸显老年人健康医疗服务在养老服务中的重要性，优化"养"和"医"资源整合分配，逐步结束"医养分离"的情况，同时寻求医养结合养老服务供给的新突破。本书应对人口老龄化问题，为实现养老资源和医疗卫生资源的有序共享提供财税支持政策的理论支撑，在理论上力求为政府实施的"健康中国"战略添砖加瓦。

第二，以医养结合为视角研究财税支持政策，拓展养老服务体系发展研究的经济学视角。养老问题目前已成为经济学研究中的热点问题之一，以往对养老服务的研究，更多的是从社会学的角度进行分析。本书除借鉴社会学中已有的研究成果外，还运用了市场失灵理论、福利经济学等经济学理论。通过研究医养结合养老服务的自身特点后发现，仅依靠市场的力量不足以满足养老服务的需求，必须有政府的介入，需要有财税政策的支持。因此，本书从经济学的角度，分析医养结合养老服务的发展，具有一定的理论意义。

第三，丰富各种财税政策工具作用的理论研究。医养结合养老服务体系因其牵涉主体广泛、内容繁杂，要建立起一套完善的财税支持体系，必须运用到多种财税政策工具。以往运行多年的政策及其工具选择，极易形成路径依赖，影响未来政策的调整与创新。基于此不足，本书首先选用文本分析法，分析不同的财税政策工具应用政策及其发挥作用的机理，结合医养结合养老服务业发展现状，将财税政策工具集中分析，更有助于全面分析财税政策对医养结合养老服务业的综合影响，从而为政策制定与创新提供理论借鉴。

（二）实用价值

第一，缩小老年人的实际需求与上层建筑之间的差距。本书旨在提高老年人主体对"医养结合""积极老龄化"新理念的认识，逐步转变传统观念，解决主观层面阻碍，选择养老新路径，提高全社会对养老服务业和医养结合养老模式的认识。同时利用财税支持政策保障医养结合养老模式的发展，也有利于增加社会各界对医养结合养老模式的重视以吸引社会各界的加入，不断完善医养结合养老服务体系。

第二，建立逻辑路线清晰的多维财税支持路径。本书拟对我国公共服务体系、财政税收体制等相关领域的改革方向与发展趋势进行科学研判与系统梳理，厘清医养结合养老服务"需求侧→供给侧←支持政策"的内在逻辑，找出政策难落地的关键症结，对加快纾解新时代我国医养结合养老服务领域的"新的主要矛盾"具有重要的现实意义。

第三，使医养结合模式落地转化成产业化机构。以为老年人提供服务丰富其生活为宗旨，在政府政策的指引下，规范医养结合养老服务机构的服务，加大投入，增设专业岗位的工作人员，培养更多的医护人员加入养老事业中，为其提供发展空间，使其迅速成长，尽快形成产业化链条。这不仅能推动我国医养结合养老机构养老新模式的发展，更能成为我国经济发展的一个新的增长点。

第二节　研究现状与评述

　　关于促进养老服务业发展的财税政策相关研究成果较多，但以医养结合为视角的研究相对较少。本书从医养结合养老服务业和养老服务业与财税支持政策关系这两个方面分别对国内外的文献进行梳理。现有医养结合养老服务业相关研究主要从医养结合概念及可行性研究、服务模式、机构运行现状及存在的问题、供需影响因素及困境对策研究等方面展开。现有养老服务业与财税支持政策关系研究主要从政府在养老服务业发展中的作用、财税政策对发展养老服务业的作用、养老服务业发展中财税政策存在的问题等方面展开。

一、研究现状

（一）医养结合养老服务业研究

1.医养结合的概念内涵及可行性研究

　　首先是医养结合的概念内涵研究。目前国外的医养结合养老服务内容主要侧重于满足老年人多样化的养老服务需求。Maruthappu、Hasan 和 Zeltner（2015）认为医养结合服务内容就是医疗和社会护理一体化，旨在解决许多医疗系统中存在的病人服务分散的问题。整合可以改善医疗服务的协调、质量、效率和成本控制。整合可以分为横向一体化和纵向一体化，前者是指同一级别医疗服务提供者之间的一体化，后者是指不同级别医疗机构之间的一体化。Falvey 等（2019）认为老年人全包护理计划（Program of All-inclusive Care for the Elderly，PACE）主要为病情复杂、高度残疾、有资格获得疗养院级别的护理，但在社区接受服务的老年人提供服务，PACE 的一个主要目标是防止身体功能的进一步下降，这可能需要昂贵的机构化服务。Flanagan 等（2023）通过调查东北部一个大城市主要治疗 SMI 患者的社区心理健康中心（MHC）的整合情况，提出医养结合便是加强护理整合和将服务集中到医疗方面，共同定位和沟通对于医养结合护理成功极为重要。

我国学者郭东等（2005）首次提出医养结合的概念，即通过加大资源整合力度，促进养老机构和医疗机构联手发展医养结合的一种创新养老模式。随着社会的发展和我国人口老龄化的加剧，不同学者也产生了新的见解。杨文杰（2017）认为医养结合的实质是老年人服务的整合，着眼于老年人长期照护，把老年人健康医疗保健服务放在首要位置，在整合医疗资源和养老资源的基础上，将养老机构（如养老院等）和医疗机构（如医院）的功能有效结合，打破养老和医疗相互分离的格局，方便老年人就医，真正实现"老有所养、老有所医"。封铁英和南妍（2020）将医养结合的"医"主要定位为健康管理、突发疾病的应急处置和医疗护理等，使老年人在接受医院专业治疗后能及时转回养老机构接受康复护理，避免过度占用医院资源，以医代养。

其次是医养结合的可行性研究。朱文佩和林义（2022）认为解决长期护理保险的财务可持续性方法就是探索"医养结合"社区养老模式，该模式是控制医护费用支出、降低运行成本的有益之选。高鹏、杨翠迎和周彩（2022）利用CHARLS（2015）和CHARLS（2018）2期数据，以2016年确立的国家级医养结合服务试点作为准自然实验，运用双重差分法实证检验了社区居家医养结合服务对于老年人健康养老的影响，为医养结合的进一步发展提供了理论依据。陈岩和杨翠迎（2023）基于2011年、2013年、2015年、2018年4期CHARLS数据，运用双重差分法对此进行分析。研究发现，相比于非试点地区，医养结合政策试点显著促进了试点地区老年健康体检服务、健康评估和干预服务的采用以及健康档案的建立，这种促进作用又会因城市地理区位、行政等级及老龄化水平的不同而有所差异。

2.医养结合服务模式研究

一是基于理论视角对医养结合服务模式的划分。Gonzalez（2021）认为老年人全包护理计划是在非营利组织的主导下，为美国老年人提供高质量、高成本效益的医疗和社会护理。医疗保险和医疗补助服务中心（CMS）删除了PACE运营商为非营利组织的规定便从根本上改变了该计划的最初意图和运作。他倡导医养结合长期护理模式应该是非营利性的。英国的整合照料（Integrated Care）主要强调的是以老人为中心整合资源，为老年患者提供全面的护理和照料。Humphries（2015）在研究中回顾了英国为实现卫生和社会护理的更紧密结合而采取的政策举措，包括"先驱"计划、引入新的集合预算、"更好的护理基金"以及新的个人委托计划，所有政党都致力于将医疗保健和社会保健相结合。Wodchis、Dixon和Anderson（2015）认为英国的养老模式需要改革，因为传统的家庭照护模式由于社会的发展而逐渐不合时宜，与此同时，独居老人的数量也在不断上升，需要尽快改善照护服务体系和医疗体系，以应对老年人口的急迫又复杂的生活需求和健康问题。Briggs等（2020）认为英国国家医疗服务体系（National Health Service，NHS）在预防疾病和改善人口健康方面选择与综合护理系统建立可持续的伙伴关系是可行的，为了更有意义地预防疾病和改善人群健康，需要将二者结合并鼓励社会参与。

日本的长期护理保险制度是2000年日本为缓解人口老龄化而实施的，这种保险制度针对的是失能、半失能老年人。Arai等（2015）提出，当前急需从专注于器官特定基础上的疾病治疗的"寻求治疗的医疗护理"转变为"寻求治疗和支持的医疗服务"，重新确定治疗的优先顺序，以最大限度地提高患者的生活质量；或者从"以医院为中心的医疗护理"转变为与护理和福利相关的"以社区为导向的医疗保健"，由政府、个人共同筹资费用。这既保证了该模式的发展活力，又减轻了个人的经济负担，阐释了日本对老年人照护状态的划分规则以及照护服务的内容和申请规范。Iijima等（2021）认为，随着日本人口老龄化程度的不断加深，预计到2025年，75岁及以上人口将超过2 000万人，需要迎接超老年健康社会的医疗保健挑战。挑战内容包括推广适合老年人的临床指南，与生活方式相关的疾病管理，进行老龄化综合研究（基础研究、临床研究和社区合作研究），并需要体现从"寻求治疗的医疗保健"到"寻求治疗和支持的医疗护理"范式的转变。

刘清发和孙瑞玲（2014）利用嵌入性理论中的结构性嵌入和关系性嵌入原理，将医养结合养老服务划分为三种模式，即医养结合科层组织模式、医养结合契约模式、医养结合网络模式。鲍捷和毛宗福（2015）认为医养结合属于准公共物品，具有非排他性，从公共物品的生产与提供的视角，将医养结合分为"整合照料模式"、"联合运行模式"和"支撑辐射模式"。李长远和张会萍（2021）从宏观、中观和微观层级角度，结合各发达国家的实践状况，将整合照护划分为以英国、日本和美国为代表的3种典型模式，从供给主体、整合模式、管理体制和支持保障方面，总结了3种典型模式的成功经验，并从多角度提出其对中国医养结合养老服务的启示。

二是基于实践落地角度对医养结合模式的划分。医养结合模式在国外被称为长期照护模式，由于国外较早进入老龄化国家，国外长期照护模式发展时间也比较长，当前已经开创了多种类型的长期照护模式。

美国的PACE模式便是一个针对老年人的医疗护理救助项目，它的对象是那些需要护理院级别的照顾但能够在社区生活的老年人。Stefanacci、Reich和Casiano（2015）认为PACE通过多学科小组为参与人在社区提供包括医疗性服务、康复性服务和社会支持性服务在内的医疗照护服务。它成功地将老年人的短期医疗与长期照护结合起来，使高龄患病老人能够更长时间地在社区中生活。Bloom（2019）对美国15个试点项目进行研究，分析发现其中有11个项目在10个州成功实施，近年来又建立了9个农村项目。他认为，随着美国农村的老龄化发展、农村劳动力短缺、有限的非机构长期服务和支持，再加上一些创新性的修改，PACE已被证明是一种有效的护理模式，支持了农村体弱老人留在家中的愿望。

加拿大的老年综合护理模式（SIPA）以社区为依托，为老年人提供全方位的护理服务。该模式涉及机构服务、社区服务。Frank和Wilson（2015）讨论了加拿大初级保健机构为体弱老年人提供的护理模式以及初级保健医生开发的护理模式，提出鉴于体弱老年人的数量不断增加，而医院床位越来越少，因此首选的护理模式应该是那些注重优化健康、减少体弱以及避免体弱和健康老年人住院的护理模式，建立护理模式资料库，并就向体弱老年人提供护理的最佳方式征求医生的意见。Ploeg等（2017）在加拿大的两个省对41名患有3种及以上慢性病的社区老年人（65岁及以上）、47名家庭照顾者和42名在各种社区环境中工作的医疗保健提供者进行了半结构化访谈，认为老年人和护理人员的需求，与卫生和社会护理系统满足这些需求的能力之间存在很大差距。SIPA的医疗保健是零散的，很少关注个人和家庭整体。这些发现为护理流程的设计提供了基础，以更优化地解决需求服务差距。Giguere等（2018）对来自加拿大5个省的42名体弱老年人、护理人员、临床医生和参与体弱老年人护理的医疗管理人员/决策者进行了半结构化访谈，认为随着时间的推移，还需要将护理和服务整合到不同的环境中，并与各种提供者整合，以满足脆弱的老年人的需求。

崔树义和杨素雯（2019）综合目前我国医养结合服务资源的整合路径和供给主体，将医养结合实践模式划分为"养中设医""医中设养""医养合作""依托社区发展医养结合"4种。其中，由于我国目前社区发展不均衡，"依托社区发展医养结合"这种模式受社区地区发展的限制，难以满足老年人的需求。郑研辉和郝晓宁（2021）通过对政府试点以及相关机构进行积极探索，根据服务供给主客体间互动关系的不同，将医养结合养老模式分为"医养联合运行服务模式""医养护一体化服务模式""居家上门照料模式"3种，通过分析3种服务模式的特征、优势及劣势，提出了优化我国医养结合养老服务发展的对策建议。杨翠迎（2023）结合各地的实践，呈现出了3种类型9种基本医养结合养老模式，即按照资源配置取向，可以划分为"养中有医""医中有养""医养共体"三大类型，其中，"养中有医"类型又有5种基本模式，包括养老机构内设医疗机构、养老机构与医疗机构邻近设置、养老机构与医疗机构签约、社区居家老人签约家庭医生、互联网+医养结合服务等。"医中有养"类型又有3种基本模式，包括医疗机构内设老年病科、医疗机构内置养老护理床位、医疗机构内建养护机构等。"医养共体"类型为独立模式，常出现在新建社区综合体中。

3.医养结合养老机构运行现状及存在的问题研究

受文化传统、经济发展环境的影响，国外各个国家医养结合养老模式不同，影响医养结合发展的因素也是不同的。就当前研究现状分析，老年人的经济水平、心理预期、医养机构的质量、政府支持程度等是影响医养结合发展的主要因素。Stefanacci、Reich 和 Casiano（2015）通过对 PACE 医疗主管和 IDT 成员进行的关于有效实施综合护理的调查得出，护理人员的支持程度、参与者和医疗保健系统护理人员的素养以及护理协调度是影响老年人选择医养机构的主要因素。Gonzalez（2017）评估了 PACE 在营利性与非营利性状态下的运作方式，认为没有足够的证据表明营利性PACE 运营商提供了与现有非营利性运营商相同的护理质量。Gómez（2023）关注医养结合服务以人为中心的体验、需求和偏好，综合了来自6 个 数 据 库 （CINAHL、MEDLINE、AMED、TRIP、Web of Science、Science Direct）2007—2019年的实证文献，确定了3个总体主题，包括关系、增进健康和福祉以及理解困难的系统，确定了影响老年人选择医养结合的因素指标。近年来，我国各地方政府高度重视医养结合，出台了一系列政策措施，但在推进医养结合的实践中，一些地方政府和机构运用的医养结合模式不当、效果不好，造成了社会资源的浪费。朱孟斐、朱孔来和姜文华（2020）调研了18种医养结合模式，其中，运用不当、绩效不好的医养结合模式有5种，主要存在医养结合模式运用不当造成损失浪费，医养结合工作中存在形式主义、做表面文章，应积极开展养老服务却未办、不该办却大办等问题。范庆梅等（2021）分析了养老机构医疗服务供给现存问题，提出目前存在医养资源衔接困难、养老机构建设缺乏适老化理念、医护队伍建设水平参差不齐、养老机构定位及收治标准模糊、医疗保险制度运行不畅等问题。陈莹如、张秋和麦耀钧（2022）总结了我国"医养结合"服务的现状以及北京市朝阳区、上海市、山东省济南市的医疗卫生机构医养试点经验，分析了我国基层医疗卫生机构医养结合服务存在医养分离、医护不明，专业人才匮乏、队伍不稳定，医养结合保险体系不成熟，老年长期护理保险处于探索阶段等问题。

4.供需影响因素及困境对策研究

首先是医养结合供给层面的影响因素。封铁英和南妍（2020）认为政府、企业、医疗机构与养老机构的角色定位与互动关系是医养服务供给的重要影响因素，但服务的参与主体还应包括老年人及其家庭成员，主体关系多元且复杂。李长远和张会萍（2021）认为引导性的政策和倾斜的财政资金是医养结合良性发展的重要保证，医养结合服务需求的多样性决定了多元主体合作供给：政府占据多元主体中的核心地位，担负战略指引和监管服务的职责；市场发挥功能性作用，满足人们的特色化需求；而含义较宽泛的社会是多元合作格局中重要的支持来源，其关键作用在于补充政府和市场的不足。王娟（2022）认为新型农村医养结合养老服务存在的问题和不足主要包括目标人群覆盖面狭窄、社会化水平低、部分农民思想观念不适应、目前我国医养结合养老服务资金投入渠道单一等，在具体执行过程中这些问题亟须解决。

其次是医养结合需求层面的影响因素。学者的研究大多从局部地区入手，以问卷调研形式了解老年人个体层面信息。冯玉莹（2020）以日照市13家养老机构的504位中老年人作为研究样本，对其进行问卷调查，并采用SPSS22.0软件进行卡方检验、Logistic回归分析，认为患有慢性疾病的老人更加倾向于选择医养结合养老机构。刘晓楚等（2020）自制医养结合型养老机构老年人服务需求Kano属性问卷进行调查，发现医养结合型养老机构老年人整体呈现高龄、多病、失能、孤独且社会支持较差等特征，养老服务整体需求具有"高依赖性"和"高期待性"倾向。崔晓睿等（2021）采取整群随机抽样方法对长治市930名60岁及以上老年人进行问卷调查，分析发现长治市老年人医养结合知识知晓率偏低，可接受度低，医养结合模式相关知识有待普及，应加强对医养结合的宣传工作，多方联动推动健康产业发展。

最后是医养结合供需困境对策研究。谢微和于跃（2022）提出，医养结合模式有效运行的关键在于构建新的合作机制，涉及政府、市场、社会和家庭之间的合作以及动力、能力、信任、激励、协调等具体机制的协同，并提出了拓宽多元筹资渠道、强化大数据与智能技术应用的对策建议。韦兵和付舒（2023）提出了基于老年人就医行为的医养结合模式，从政策壁垒的角度提出打通部门间、场景间和制度间的医养结合衔接障碍，有效解决老年人就医"短视"的认知行为和"相对保守"的消费偏好，加大政策鼓励力度，催动老年人形成"以健康为中心"的医养结合理念。苗晓娜、杭嘉敏和林家乐（2023）基于《"健康中国2030"规划纲要》《健康中国行动（2019—2030年）》等的发布与实施，对医养结合的供需困境问题，从突破地区限制、大力培养专业人才、完善医疗保障制度、加强医养结合力度四个方面提出整改建议。

（二）养老服务业与财税支持政策关系研究

1.政府在养老服务业发展中作用的研究

Thomas等（2015）根据街道的意见提出了以社区为导向的综合护理和健康面对的4个挑战，他认为要想取得成效，就必须制定地方组织之间共享的整合战略，将自下而上和自上而下的方法结合起来，并在整个医疗系统中系统地建立关系。Theobald和Luppi（2018）通过比较瑞典、德国和意大利的LTC政策重新定义了国家、市场和家庭的参与，他认为国家支持的数量、对家庭护理与专业服务的重视，以及不同国家层面在治理体系和改革道路中的作用，是国家LTC组织的关键因素。Fontana（2020）通过确定具有性别意识的CGE模型认为，CGE模型中用于整合性别的现有方法范围有限，需要改进。为此，提出了若干改进途径，例如，在经济结构以服务业为主、人口老龄化的中/高收入国家中，政府有必要对服务部门进行精细的分类，并挑出雇用妇女人数过多，特别是与护理有关的服务。

陈功、赵新阳和索浩宇（2021）提出，"十四五"时期是养老服务高质量发展的重要战略机遇期，需要政府制定政策带动医养结合的发展，建立完善、综合、连续的整合型老年健康服务体系。目前政府需要整合医养资源深度，加强监督，减少运营管理成本。高鹏（2023）利用CHARLS（2015）和CHARLS（2018）2期数据实证检验了医养结合对老年人健康养老的影响，并提出政府需要进一步优化医养结合的顶层设计，明确医养结合的基本制度。制度、资源、人才的三维协同需要政府的主导，同时推动医养结合服务与各类商业保险产品的功能性组合，提升医养结合的服务供给。李娟（2023）认为推动养老事业与养老产业协同发展，政府应该从有助于形成可持续的养老理念、创设有利于养老产业发展的制度环境，以及创新养老事业与养老产业协同发展的福利工具等3个层面进行战略规划。

2.财税政策对发展养老服务业作用的研究

大多数学者认为税收政策可以有效促进医养结合养老服务供给。Collins和Hughes（2017）利用2014年爱尔兰的数据研究了这一工具的有效性，他们认为税制改革是利用其外部性特征在养老金上发挥作用，从而有效解决人口日益老龄化大背景下的社会养老问题。Tong（2020）认为政府出台的多项政策有利于引导民间资本投资医养结合领域的PPP（Public-Private-Partnership，政府和社会资本合作）项目，为使医疗和养老服务领域PPP项目增多、社会资本来源多样化、项目盈利模式创新、私营企业参与以提高运营效率，政府应该积极运用财税手段。通过研究养老服务补贴如何影响养老和其他服务市场的劳动力供应，他认为在一定条件下，财税补贴可以提高全职工人的工资，养老金也可以提高。

郭佩霞和胡彬（2018）提出借助税收政策促进养老服务业发展已是形势所需，通过放宽捐赠税收优惠设定条件、加大对养老服务投资环节支持力度、增强居家养老与以房养老服务模式的优惠来提升政策引导与激励效应，促进养老服务业发展。陈迪红和孙福伟（2019）以2007—2016年31

个地区面板数据为样本，通过构建区域基尼系数等指标度量我国城镇居民养老保障水平的区域差异，提出加大政府对社保和就业的财政支出力度有助于养老保障水平的提高，因此，应提高统筹层级并通过财政政策调节区域发展差异。戴卫东和付王巧（2021）以浙江省为例，结合目前老年人和残疾人福利补贴政策，在整合现有财政投入的多种老年津贴的前提下，发现集约财政资源能够在较大程度上减轻长期护理津贴的财政压力。穆怀中（2023）通过实证研究发现，通过财政养老转移支付可以使城乡居民养老保险水平提高20.45%，农村土地养老资源的利用，加上财政普惠型养老金和养老人口红利财政养老转移支付，到2035年城乡居民养老金替代率水平可以达到30.1%，高于城乡居民养老保险制度下限水平，城镇职工和城乡居民养老保险均衡系数可以达到52.9%，有利于推进养老保险均衡发展。谢永清和李香菊（2023）通过对国际上人口老龄化的税收政策进行梳理，研究发现，人口老龄化改变消费需求影响了流转税税基、个人所得税税基和企业所得税税基，未来我国应丰富税收优惠方式，扩大税收优惠政策覆盖范围，进一步落实税收优惠政策，优化人口结构，使税收政策在严峻的人口老龄化问题应对中发挥作用。郑岩和张红卓（2023）提出通过减税降费等方式，激励社会资本参与养老产业发展，如可对用于维护社区养老服务公共设施及房屋租赁的支出，制定所得税及土地增值税的税前抵扣优惠政策。通过财政补贴、贴息、税收减免等扶持养老服务机构，激励各类社会资本以各种方式兴办功能各异的养老服务机构。

3.养老服务业发展中财税政策存在的问题的研究

Gabriella和Marta（2017）通过全面记录分析瑞典、芬兰、丹麦和挪威等国家的老年护理市场化进程，发现之前普遍受助于公共服务支出和税收优惠的老年护理服务受经济全球化浪潮的影响，存在竞争加剧和私人提供的风险，一些私人营利性养老机构既无法保证养老服务质量，还滥用财政资金。Medaiskis和Gudaitis（2017）认为目前企业所得税的优惠力度比较小，难以保证养老服务供给方和需求方的兼容性，应加大税收优惠力度，可以通过社会企业的第二支柱养老基金来维持养老服务供需平衡。Martins和Campani（2021）调查了巴西两种类型的私人养老金计划的激励措施——PGBL和VGBL，确定了在考虑累进税和累退税两种税收形式的情况下，选择哪一种来尽量减少所得税。他们认为过高的个人所得税不利于养老金计划的实施，就税收形式的选择作出了应减少应纳税额的建议。

郭佩霞和胡彬（2018）梳理了现行养老服务税收优惠政策，发现政策协调性以及优惠范围与力度不足对制度运行效率与激励功效均有折损，以机构身份为准的优惠导向造成了制度不公等问题。冯佳（2019）基于政府干预理论，通过市场与政府的辩证关系分析了现行财政政策对养老服务业的支持情况，分析了目前我国存在财政投入力度不强、财政投入的结构不够合理、财政扶持的方式比较落后等一系列问题，认为我国社会资本在参与养老服务供给方面仍处于发展初期，相关的税收政策也存在系统性不足、政策覆盖范围较小、激励方式不完善、配套制度不健全等问题。何代欣和朱钰凤（2022）提出当前我国在财税政策方面还未找到稳妥解决基本养老金缺口问题的办法，此外支持养老设施建设与养老护理人员发展的财税政策缺乏。马菊花（2023）认为，税收法律与政策工具存在针对性不强、税制功能开发不全面、税制协同性不足、税制工具适配缺乏估量的问题。张鸿宇（2021）认为现行财税政策在支持高品质养老服务供给方面存在以下不足：第一，目前的财税政策更多限于养老服务，并未惠及满足多层次养老需求的老年产品。如何让养老服务带动养老产业发展，同时让养老产业为养老服务发展提供支撑，是高质量发展对财税政策提出的挑战。第二，以非特定机构为主要支持对象的财税政策，难以满足农村老年人在后脱贫时代对美好老年生活的追求。

二、研究评述

本书认为通过对医养结合养老服务与养老服务和财税支持政策关系进行研究综述，把构建具有中国特色的医养结合养老服务体系作为目标，使财税政策与养老服务业相衔接，根据基本国情，就可以成功找到具有政策方向的养老发展模式，以适应时代发展变化的客观规律。从目前查阅的文献来看，存在以下一些问题：

（一）研究视角

系统分析医养结合养老服务业财税政策的文献比较少，政府出台的规划文件讲得比较粗略，并且看不到实施过后的综合效果以及改进的措施。财税政策作为经济调节的重要方式，应当更具体地加以分析与阐述，养老虽然涉及道德范畴，但是在人口老龄化的时代背景下，光从文化视角以及社会视角来讲如何关心、关爱老人并不够，应当从经济视角特别是财政视角去研究与剖析，从专业出发去加强理论研究，将研究成果运用到现实的医养结合养老服务业发展过程中，从有形的财税政策入手，去解决其背后的道德伦理、政府责任担当问题。本书致力于为补充文献贡献一点微薄力量。

（二）研究方法

在养老服务业日益凸显的供需矛盾下，如何运用和发挥财税政策，构建家庭、政府、社会之间融合共赢的生态群落，目前对这一问题的理论与实证分析尚显不足。医养结合养老服务业今后的发展将会越来越重要，因而如何构建一个强大的养老服务体系是一个逐步完善和创新的过程。养老服务业不同于其他行业，其行业中有过多的延伸产业，在经济下行的现状下，诸多文献并没有特别强调经济增长与养老服务业的特殊关系，对于医养结合养老服务业的发展效果定位与结果表述语焉不详，缺乏实证分析，这是尚需结合现实发展情况来深刻研究的。医养结合养老服务业要想与经济发展有清晰的关系，需要采取科学有效的措施来帮助其发展。

（三）研究思路

以往的研究缺乏对我国医养结合养老服务供需结构失衡与财税支持方式、路径、政策设计之间内在关联的逻辑分析，因此很难找到当前财税支持政策难落地的关键症结，更多只是笼统地提出加强财税支持的相关政策建议，其针对性与可操作性有待进一步加强。

基于以上考虑，本书将在人口老龄化视角下，结合医养结合养老服务业的内涵及特点，对我国医养结合养老服务业及其财税政策发展的现状作出分析。在此基础上，建立综合评价指标体系对我国医养结合养老服务业发展水平进行估计，并运用面板数据模型分析财税政策对医养结合养老服务业发展的影响，通过借鉴国内外发展较好的医养结合养老服务业的先进经验，对促进我国医养结合养老服务业发展提出相应的财税政策建议。

第三节　研究内容与框架

一、研究内容

各章节主要研究内容如下：

第一章：绪论。本章对本书的选题背景及选题意义进行阐述，在此基础上，通过对相关研究文献的综述、学习和借鉴国内外学者的研究成果，进而提出本书的研究内容、研究思路及研究方法，探讨设计可能的创新点和不足之处，并从总体上概括本书的框架及内容。

第二章：相关概念界定与理论分析。本章从医养结合养老服务业相关概念界定、政府介入医养结合养老服务业的理论依据、财税政策促进医养结合养老服务业发展的作用机理展开研究。根据财税政策工具的使用情况，可以将其划分为财税支出政策工具和财税收入政策工具两类。财税支出政策工具包括财政投资、财政补贴和政府购买；财税收入政策工具包括税收优惠和非税收优惠。根据这一维度分类，本章将主要探讨以上财税政策工具促进医养结合养老服务业发展的作用机理。

第三章：我国医养结合养老服务业财税支持政策及发展现状分析。本章首先选择财税政策作为研究的切入点，通过分析现有的财税政策工具丰富医养结合养老问题的理论研究，在此基础上，基于波特钻石模型全面分析医养结合养老服务业发展现状及政策实施效果。本章主要研究内容分为两部分：

第一，政策工具视角下我国医养结合养老服务业财税支持政策文本内容分析。借助内容分析法，摘取中央层面政策文本中财税政策的具体运用条款，构建财税政策运用年度、发文部门、政策工具类型、运用目的这4个维度进行分析。从政策工具视角构建医养结合财税支持政策文本分析框架，并利用相关的软件对政策文件进行量化分析和编码，通过对比分析单元编码后的频数，重点对政策工具和运用目的2个维度，包括财税政策运用的环节和针对的内容进行分析，以便把握我国医养结合财税支持政策文本的核心范畴。

第二，钻石模型视域下我国医养结合养老服务业发展现状分析。基于文本内容分析，在把握我国医养结合财税支持政策文本核心范畴的前提下，从波特钻石模型的视角出发，借助模型六大要素对医养结合服务业发展现状进行分析。其中，四大基本要素分别是生产要素，需求条件，相关支撑产业，以及企业战略、结构和竞争，这些构成其最基础的分析框架。机会和政府则是两个动态要素，对医养结合养老服务业发展整体动态平衡有着至关重要的作用。本书基于波特钻石模型分析我国目前医养结合服务业发展现状，为进一步研究提供坚实的理论和数据支撑。

第四章：我国医养结合养老服务供需影响因素实证分析。本章将波特钻石模型的六大要素分成供给和需求两个层面对我国医养结合养老服务业进行分析，通过定量定性相结合的分析方法，筛选出能够代表医养结合养老服务业发展供给维度和需求维度可测度的指标，为下文的指标体系构建提供数理支持。本章主要研究内容分为两部分：

第一，我国医养结合养老服务供给影响因素的灰色关联排序。基于波特钻石模型供给层面的要素进行分析，将医养结合养老护理员作为医养结合养老服务供给的因变量，综合考虑社会经济及人口学特征等因素对医养结合养老服务供给的影响和数据资料的可获得性，选择易测得的指标作为主要解释变量，根据灰色关联系数大小选择测度能够衡量供给维度的指标。

第二，我国医养结合养老服务需求影响因素的二元 Logit 回归分析。基于波特钻石模型需求层面的要素进行分析，采用老年人医养结合养老服务需求作为因变量，基于 CHARLS 微观调研数据、Stata 分析软件等，在描述性分析老年人失能和慢性病率等指标基础上，对我国老年人的现实需求进行评估，运用 Logit 向后回归筛选法，对老年人入住医养结合养老机构意愿的因素进行实证分析，选择能够衡量需求维度的指标。

第五章：我国医养结合养老服务业发展水平测度。本章基于上述供需影响因素指标的构建，采用主成分分析法构建评价指标体系对我国医养结合养老服务业发展水平进行综合评价，从供需视角选择养老服务水平、医疗服务水平、医养需求水平、医保养老保险发展水平、医药制造业发展水平 5 个维度，并构建三级指标体系，测度 2013—2022 年 31 个省（自治区、直辖市）医养结合养老服务业综合发展水平。

第六章：财税政策对医养结合养老服务业发展影响的实证分析。本章通过上述构建的医养结合养老服务可测度指标，同时选取财税支持政策可量化的科学指标，选取31个省（自治区、直辖市）城市地区2013—2022年的面板数据，通过定量分析来简要探究财税政策对医养结合养老服务业发展水平的影响。

第七章：发达国家医养结合养老服务业财税政策与经验借鉴。本章通过对美国长期照料服务体系、英国社区照顾、德国"多代居"、日本护理供给体系等不同发展类型经济体的医养结合养老服务业及财税政策进行评价和经验借鉴，从中获得启发。

第八章：完善我国医养结合养老服务业的财税政策建议。本章从准确定位、设计完备的财税政策体系、有效执行、发展规范、配套措施等方面来论述医养结合养老服务业发展所需，试图为未来医养结合养老服务业的发展提供保障思路。

二、研究框架

本书的逻辑思路为"提出问题→理论分析→供需分析→政策分析→经验借鉴→政策设计"。

首先，在对医养结合养老服务相关概念明确界定的基础上，综合运用公共产品理论、福利经济学理论、新供给经济学理论、新公共服务理论进行解析，并分析财税支持医养结合养老服务业发展的机理和作用，对医养结合发展养老服务供给的财政支持政策选用文本分析法分阶段进行系统梳理和评述，为后文研究奠定理论基础。

其次，基于波特钻石模型分析我国医养结合养老服务业发展现状，对财税支持医养结合养老服务业发展的政策现状、成效以及存在的问题进行全面剖析，并从供需两侧选取影响我国医养结合养老服务业发展的指标进行全样本的二元Logit回归和灰色关联实证分析，排出优先级，抓住主要指标。

再次，基于供需影响因素建立测度指标体系，测度2013—2022年我国31个省（自治区、直辖市）医养结合养老服务业综合发展水平。

最后，对财税支持给医养结合养老服务业发展带来的影响、财税支持政策的变化对医养结合养老服务业发展水平的显著差异，进行探索性实证分析，研究框架图如图1-1所示。

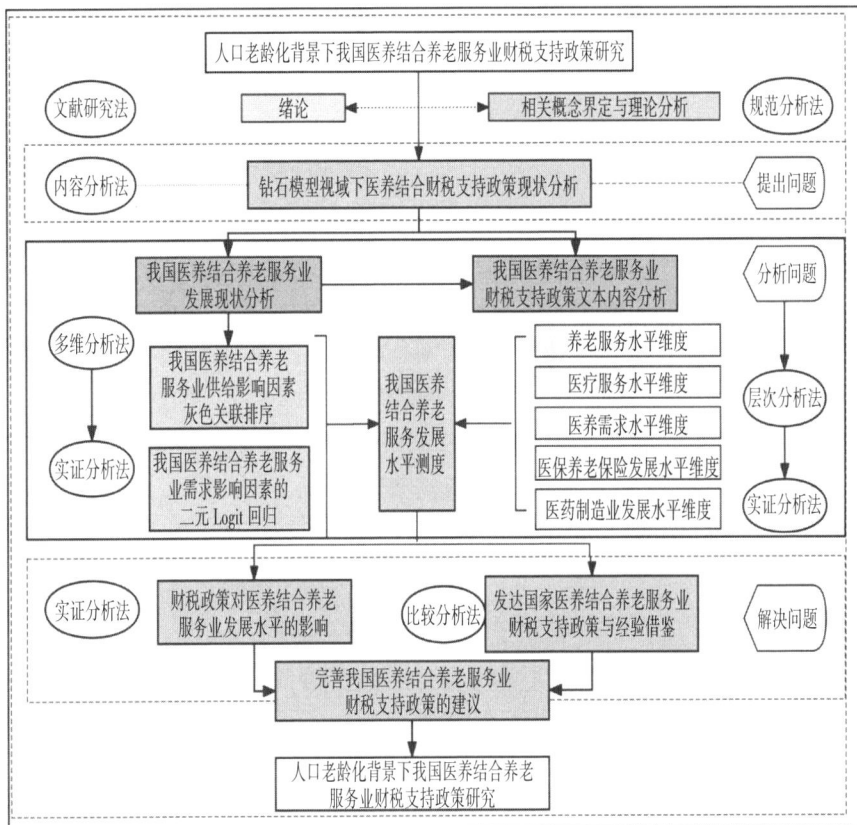

图1-1 研究框架图

第四节　研究方法

一、文献研究法

通过在学校图书馆和网络上查阅相关的文献和书籍资料，收集分析国内外关于"医养结合""人口老龄化""养老服务业""财税政策"等养老问题的相关理论研究，为本书的撰写提供丰富的理论基础；同时收集整理国家相关政策文件，掌握医养结合及财税支持政策的实时动向。

二、文本内容分析法

采用政策文本分析法，以国家层面医疗养老协同发展的财税支持文件为研究对象，通过扎根理论分析框架，构建"政策文本库—编码体系—概念模型"三级分析路径。运用开放性编码→主轴编码→选择性编码的迭代过程，系统识别政策文本中的高频要素，最终析出财税政策运用年度、发文部门、政策工具类型、运用目的这4个维度，揭示政策制定者通过财税工具配置医疗养老资源的制度逻辑。

三、实证分析法

通过灰色关联分析和全样本二元 Logit 回归分析，实证得出我国医养结合供需影响因素。通过 Hausman 检验及固定效应回归，对医养结合养老服务业和财税政策的关系展开定量研究，从财政支出和税收负担角度分析现行财税政策对医养结合养老服务业发展的影响，为优化促进医养结合养老服务业发展的财税政策提供技术支撑。同时构建医养结合养老服务业发展水平综合评价体系，运用主成分分析法测算我国31个省（自治区、直辖市）2013—2022年医养结合养老服务业综合得分。

第五节　可能的创新点与不足

一、可能的创新点

（一）研究视角

医养结合是破解当前深度老龄化最为有效的路径之一。目前，我国医养结合养老服务体系发展还不完善，基于政府促进医养结合养老服务发展的政策偏好可以看出，医养结合是应对人口老龄化的重要蓄力点。本书以医养结合为研究视角，全面分析医养结合现状并构建测度指标，对医养结合财税支持现状进行系统梳理并提出相应的实施建议，这对破解当前我国深度老龄化困境具有重要意义。

（二）研究逻辑

本书从医养结合的供给现状与老年人的需求现状出发，以供需平衡为研究视角，借助波特钻石模型六大要素对医养结合服务业发展情况展开分析，融合新制度经济学、新供给经济学和社会保障与福利经济学的相关理论，遵循"供需失衡—创新锁定—耦合机制—制度创新—供需平衡"的研究逻辑，构建政府、社会、家庭等利益相关者之间激励相容的财税制度，形成养老服务业的新供给经济学分析框架和理论研究体系。

（三）研究内容

基于波特钻石模型分析当前我国医养结合养老服务业发展中存在的主要问题，本书认为应在更加深入研究分析供给侧和需求侧的基础上，找到供给与需求的契合点，然后从供给影响因素和需求影响因素出发，构建医养结合养老服务水平测度指标体系，通过政策支持与引导，才能实现供需均衡。

二、研究的不足

由于问题本身的复杂性、数据的可获得性和个人能力所限，本书的研究仍存在一定的局限性。

首先，财税政策文本分析只停留在政策本身，无法全面探析每一条政策背后的现实背景。

其次，在对医养结合服务需求影响因素的实证分析中，仅选取了主要因素，随着时间的推移和老年人观念的变化，在未来可能不具有代表性。

第二章　相关概念界定与理论分析

第一节　相关概念界定

一、人口老龄化

人口老龄化是指因人口生育率降低和人均寿命延长，总人口中年轻人口数量减少、年长人口数量增加而导致的老年人口比例相应增长的动态过程。人口老龄化包括两层含义：

一是指老年人口相对增多，在总人口中所占比例不断上升。《人口学词典》中将老龄化定义为："当老年人在人口中的比例增大时，我们称之为人口老龄化。"*Population Handbook* 中的定义为："所谓人口老龄化，是指一个人口总体中老年人口所占比例不断增加，或青少儿人口所占比例不断递减这样一种渐进过程。"

二是指社会人口结构呈现老年状态，进入老龄化社会。人口年龄结构的老龄化，是指60岁或65岁以上老年人口比例在人口年龄结构中持续增长的态势，超过一定比例标准后，我们就说这个社会的人口年龄结构正在逐渐进入老龄化，并根据不同的比例判定老龄化的程度。"老龄化"与"老年人"二者的概念完全不同。"老年人"侧重的是认定为老年人的标准，比如中国通常认为年龄达到60岁为老年人；"老龄化"侧重的是老年人在人口年龄结构中比重逐渐增加的趋势。老年人认定标准的意义主要在于统计口径，影响一国政府或国际机构相应的老年人与老龄化相关政策的制定，以及养老金初始发放年龄。因此，老年人认定标准有着比较重要的现实意义。联合国并没有明确老年人的认定标准，主要原因在于防止社会出现年龄歧视现象。但是1956年联合国在《人口老龄化及其社会经济后果》文件中确定的老龄化国家划分标准为：如果一个国家60岁及以上老年人口达到总人口数的10%，或者65岁以上老年人口占人口总数的7%，那么，这个国家就已经属于人口老龄化国家。联合国历年来涉及老龄人口的相关报告中，均默认65岁作为判定和数据分析的节点。

通常而言，人口老龄化可以用人口老龄化指数、人口老龄化系数和老年负担系数等多种不同的指标来衡量。其中，人口老龄化指数是指老年人口数量与少年人口数量的比值，可以用来观测老年人口和少年人口同时发生改变时两者之间的联系，因此被称为老少比。人口老龄化系数则是指老年人口占总人口的比重，可以更加直观地反映人口老龄化的绝对程度，也是目前国际上最通用的衡量人口老龄化的指标。按照联合国对人口年龄结构类型的划分标准，当人口老龄化系数低于4%时，人口年龄结构为年轻型；当人口老龄化系数在4%~7%时，人口年龄结构为成年型；当人口老龄化系数达到7%以上时，标志着这个国家或地区进入了老龄化社会。就老龄化的具体年龄标准而言，1956年联合国人口司和1975年美国人口咨询局都采用65岁作为划分标准，我国目前也是以65岁作为老龄化人口的界定依据。老年负担系数则由老年人口与劳动年龄人口的比值来度量，可以反映一个国家或地区的人口年龄结构，也被称为老年人口抚养比，属于代表性较强的指标。借鉴《中国统计年鉴》中我国人口老龄化水平的衡量指标，以65岁及以上人口数与15~64岁劳动年龄人口数之比作为我国各地区人口老龄化水平的衡量指标。

二、医养结合

医养结合，顾名思义是将医疗卫生资源与养老服务资源结合起来的一种服务模式。对于这个概念，我国相关的政策文件并没有给予明确的定义，而是以"如何推进医养结合"为相关文件的主要内容，并且，在政策提出之初，相关文件也并不是使用"医养结合"的提法。考察"医养结合"提法的演进，有助于我们全面掌握医养结合服务内涵。具体而言，"医养结合"的提法，经历了从1.0版本到3.0版本的演进过程。

"医养结合"的1.0版本："供养型、养护型、医护型养老"。"医养结合"的理念最早提出于养老服务领域，2011年9月发布的《中国老龄事业发展"十二五"规划》要求"统筹发展机构养老服务"，具体举措包括"推进供养型、养护型、医护型养老机构建设"。同年底发布的《社会养老服务体系建设规划（2011—2015年）》，针对机构养老进一步提出"在机构养老层面，重点推进供养型、养护型、医护型养老设施建设"。可见，"医养结合"的理念最早是为了机构养老服务的需要，以在养老机构中提供必要的医护服务为主要内容。

"医养结合"的2.0版本："医养融合"、"健康养老服务"与"医疗卫生与养老服务相结合"。这三种提法几乎同时提出。2013年9月发布的《国务院关于加快发展养老服务业的若干意见》和《国务院关于促进健康服务业发展的若干意见》先后提出了"推动医养融合发展"和"加快发展健康养老服务"的目标。尽管前者在文件的二级标题中使用了"积极推进医疗卫生与养老服务相结合"的表述，但此时的"医疗卫生与养老服务相结合"还未被简化为"医养结合"的固定表述，其更类似于一句政策用语，并未当作概念使用。"医养融合"与"健康养老服务"的使用更像是"医疗卫生与养老服务相结合"的注脚，从内容上看，二者较为接近，概括起来就是医疗卫生资源要进入养老服务领域，包括养老机构、社区和居民家庭。很明显，较1.0版本的"供养型、养护型、医护型养老"而言，2.0版本中"医养结合"概念的适用范围得到扩大，不再局限于机构养老，而是拓展到所有的养老场域。同时，养老机构的范畴也得到了扩大，既包括传统的养老机构，也包括医疗卫生体系中的老年病医院、老年护理院、康复疗养机构等。

"医养结合"的3.0版本："医养结合"。2015年3月发布的《全国医疗卫生服务体系规划纲要（2015—2020年）》正式使用了"医养结合"的提法。2015年11月发布的《关于推进医疗卫生与养老服务相结合的指导意见》是上述文件的配套文件，该文件全面延续了2.0版本中对"医养结合"内涵的理解，并在此基础上对"医养结合"的基本原则、发展目标、重点任务、保障措施、组织实施等方面进行了全面的规定。因此，该文件是推进"医养结合"的第一部纲领性文件。从内容来看，"医养结合"是"医疗卫生与养老服务相结合"的简称，内涵一致。在此后的诸如《中华人民共和国国民经济和社会发展第十三个五年规划纲要》《民政事业发展第十三个五年规划》《"健康中国2030"规划纲要》《关于深入推进医养结合发展的若干意见》《中共中央　国务院关于加强新时代老龄工作的意见》等文件中，均延续了"医疗卫生与养老服务相结合"或"医养结合"的提法。

从1.0版本发展到3.0版本，相关政策文件对"医养结合"概念的使用已较为稳定，并且随着政策的执行与推进，"医养结合"已经成为在政府部门、养老机构、社区、老年人及其家属的认知中逐渐普及的概念，其内涵也逐渐清晰。相关政策文件中"医养结合"提法的演进过程见表2-1。考察"医养结合"提法的演进，有助于我们全面掌握医养结合服务内涵。

表2-1　　　　相关政策文件中"医养结合"提法的演进过程

发文时间	文件名称	主要内容	主要提法	演进特点
2011年9月	《中国老龄事业发展"十二五"规划》（国发〔2011〕28号）	"统筹发展机构养老服务""推进供养型、养护型、医护型养老机构建设"	"供养型、养护型、医护型养老"	"医养结合"的理念最早是为了机构养老服务的需要，以在养老机构中提供必要的医护服务为主要内容
2011年12月	《社会养老服务体系建设规划（2011—2015年）》（国办发〔2011〕60号）	"重点推进供养型、养护型、医护型养老设施建设"		

续表

发文时间	文件名称	主要内容	主要提法	演进特点
2013年9月	《国务院关于加快发展养老服务业的若干意见》（国发〔2013〕35号）	"积极推进医疗卫生与养老服务相结合"	"医养融合""健康养老服务""医疗卫生与养老服务相结合"	"医养结合"概念的适用范围得到扩大，不再局限于机构养老，而是拓展到所有的养老场域。养老机构的范畴也得到了扩大，既包括传统的养老机构，也包括医疗卫生体系的老年病医院、老年护理院、康复疗养机构等
2013年9月	《国务院关于促进健康服务业发展的若干意见》（国发〔2013〕40号）	"加快发展健康养老服务"		
2015年3月	《全国医疗卫生服务体系规划纲要（2015—2020年）》（国办发〔2015〕14号）	正式使用了"医养结合"的提法	"医养结合"，即"医疗卫生与养老服务相结合"	此后均延续了"医疗卫生与养老服务相结合"或"医养结合"的提法
2015年11月	《关于推进医疗卫生与养老服务相结合的指导意见》（国办发〔2015〕84号）	规定了"医养结合"基本原则、发展目标、重点任务、保障措施、组织实施等方面		

随着政策的执行与推进，"医养结合"有了更为广泛的内涵。

首先，医养结合服务本质上是更"高阶"的养老服务，能够满足老年人对"养—医—康—护—临终关怀"等连续性服务要求，与传统养老服务相比，在提供基本生活需求的基础上，增加了对精神心理的关注、生活护理的服务，以及以健康咨询服务、老年人文化服务、大病康复服务、临终关怀服务等为代表的医疗康复保健服务。医养结合服务丰富了养老服务的内涵，是对传统养老服务的一种发展与革新，更能符合与满足老年人的实际需求。

其次，医养结合服务实践主体既包括养老机构和医疗机构，也包括社区、居家以及社区基层医疗卫生服务机构等。随着医养结合概念的演进，在医养结合服务中机构的范围已经不再局限于养老服务机构。与养老服务机构开展合作的医疗卫生机构，设有老年病室或老年医学专业的医疗卫生机构，设置康复、护理、安宁疗护病床的基层医疗卫生机构等，都已被纳入与医养结合相关的机构的范畴。随着医养结合服务的发展，机构在其中的比重将逐步降低，在保障机构医养结合服务的同时，让更多老年人能够在家门口就享受到医养结合服务，这是一种发展趋势。

最后，医养结合服务的"结合"体现在联合服务体系的协同与融合上。医养结合是一项以满足老年人"养—医—康—护"服务为核心，综合供给层面（环境资源、硬件与服务资源、人员队伍建设等）与需求层面（老年人健康养老、子女照料、医疗服务利用、养老服务质量等），通过不同实践渠道、实践机制和实践视角实现相互结合，形成不同结合路径的一种综合性系统工程。其不同的实践渠道与实践机制，能形成满足不同老年人健康养老服务需求的实践模式，为推动养老服务高质量发展奠定坚实的基础。

三、养老服务业

1949年之后，养老服务经历了一个曲折发展的过程，归纳起来可分为四个阶段，见表2-2。

表2-2　　1949年以后我国养老服务发展历史脉络及演进特点概括

阶段	基本情况	标志性事件	特点概括
第一阶段（1949—1977年）：孕育发展阶段	政府开办福利性养老机构，解决部分困境老年人社会照护问题——粗放型养老服务	改造城市和农村的服务设施为养老院、敬老院；建立优抚对象养老机构	社会变迁导致家庭养老发生转移，居住形式表现为敬老院、托老所等，主要是经济供养、生活照料和精神赡养

续表

阶段	基本情况	标志性事件	特点概括
第二阶段（1978—1999年）：探索发展阶段	与养老服务相关联的老龄工作机构、养老机构、老年法规和管理规章首次出现	建立了老龄工作机构；制定了第一部老年法；发布了第一批养老服务规章；拓展了养老服务范围	探索解决社会养老问题，社会养老服务体系的构建成为焦点
第三阶段（2000—2011年）：体系化发展阶段	养老服务、养老服务业及社会养老服务体系建设成为关键词	重视老龄工作和顶层设计；开始重视居家养老服务；提出建立养老服务体系	定义社会养老服务主要由居家养老、社区养老和机构养老三个有机部分组成；定义养老服务与养老服务体系
第四阶段（2012年至今）：快速发展新时代	社会养老服务体系、积极科学及时应对人口老龄化、老龄事业与老年产业成为关键词	党中央重视养老服务工作；开展养老服务体系建设工作、政策法规建设工作以及标准化和质量建设工作	明晰养老服务业与养老事业、养老产业的区别与联系

养老服务的发展主要经历了4个阶段，部分概念随着社会经济的发展不断发生变化，因此需要对沿用及发展至今的相关概念进行详细界定。

（一）社会养老服务

社会养老服务是区别于家庭养老服务的一种养老服务模式，是指除家庭以外，主要以政府、社会和市场为主体提供的养老服务，既由政府提供兜底性公共服务，也要充分发挥市场机制，发动包括家庭在内的各种社会力量共同提供养老服务。

按照服务性质划分社会养老服务的类型，可分为基本养老服务和选择性养老服务。基本养老服务是指在政府的主导下，通过国家的财政投入，向全体老年人提供基本的生活照料、医疗保健、精神文化等服务，着力保障经济困难的孤寡、失能、高龄等老年人，着眼于保障老年人的生存和基本生活。选择性养老服务，是指为具有有效需求的老年人提供基本养老服务以外或水平以上的有偿服务。根据这一组定义可知，基本养老服务属于公共产品，而选择性养老服务属于私人产品，因此社会养老服务同样具有准公共物品属性。

按照服务方式划分社会养老服务的类型，可分为居家养老服务、社区养老服务和机构养老服务三大类。居家养老服务是指以家庭为核心、以社区为依托、以专业化服务为依靠，为居住在家的老年人提供以解决日常生活困难为主要内容的社会化服务，服务内容主要包括生活照料、医疗服务以及精神关爱服务。社区养老服务是指以社区为单位组织的，以老年人日间照料、生活护理、家政服务和精神慰藉为主要内容，以上门服务和社区日托为主要形式，并引入养老机构专业化服务方式的养老服务体系。机构养老服务是指老年人入住提供饮食起居、清洁卫生、生活护理、健康管理和文体娱乐活动等综合性服务的机构，由机构人员提供养老服务的养老方式。

（二）养老服务与养老服务体系

养老服务是为老年人提供满足其生存、生活的一揽子情感、劳务活动的总称，是养老服务业得以健康、快速发展的重要基础，是社会养老服务体系构成、均衡发展的内在核心。该服务可以从狭义和广义上加以区分，狭义的养老服务专注于老年人的基本需求，旨在为他们提供必需的物质和精神支持，主要包括日常生活照料，如饮食、居住、个人卫生和基本医疗护理等服务，确保老年人的生活质量和基本福祉。广义的养老服务不仅涵括了日常生活、护理保健所需的基础性照料服务，还涉及养老产业链前、中端的养老设施、器械的研发设计，养老专业护理人员的聘用、培训，以及法律顾问、金融保险、文娱活动等衍生养老服务。

养老服务体系是为解决养老问题提供服务的体系，包括政府、社会提供的有关服务的形式、制度、政策、机构等各种条件，一般不包括物资和经济供养内容。2011年，我国在"十二五"规划纲要中首次提出，要"建立以居家为基础、社区为依托、机构为支撑的养老服务体系"。在2016年的"十三五"规划纲要中，这一表述更改为"建设以居家为基础、社区为依托、机构为补充的多层次养老服务体系"。2017年，医养结合模式补充进养老服务体系，形成"居家为基础、社区为依托、机构为补充、医养相结合的养老服务体系"的表述。我国养老服务体系可以分为基本养老服务体系和非基本养老服务体系，前者是具有社会福利性质的服务支持网络，属于以政府为主导、非市场化的养老服务体系；后者能够满足老年人的层次化、个性化需求，属半市场化或市场化、追求经济效益最大化的养老服务体系。综上所述，本书将养老服务体系定义为：在相关法治、政策、理念、监管措施等养老服务机制保障下，通过居家养老、社区养老和机构养老等多元方式，向全体老年人提供生活照料、经济援助、医疗保健、精神慰藉等养老服务内容的有机整体和综合系统。

（三）养老服务业与养老事业、养老产业

养老事业是指由政府作为主办方的非营利性民生公共事业，其主要目标是为老年人提供基本的生活服务，是通过颁布法律文件的形式运用财政资金统筹安排来保证老年人的合法权益及其享受服务的均等化。养老产业又称老年福利产业、银发产业或老龄产业，其不同于养老事业提供的一般性养老服务供给，该产业从更广泛的不同方面、不同领域提供服务与保障，以此实现多样化的养老需求。养老产业提供的产品都具有营利性，老年人主要通过使用养老金及政府补贴来购买以不同收费标准区分的不同层次的养老服务。张岩松等（2016）将老龄产业划分为五大重点发展领域：老龄产品制造业、健康服务业、文化休闲业、住宅地产业、金融服务业。陈叔红（2007）将养老产业定性为养老服务相关产业，包括：老年食品产业、医疗保健产业、养老保险产业、日用品产业、文化与教育产业、老年旅游产业等。也有学者将养老产业分为核心产业、相关产业、衍生产业，关联方式包括地缘关系和业缘关系。

养老产业和养老事业相互弥补，共同构建更完善的社会养老服务体系。养老事业是普遍福利，是基本公共服务，追求基本公共服务均等化。养老产业更为多样、多元、灵活，与市场模式紧密联系。养老服务业位于交叉空间，涉及政府、社会和个人按需提供服务的方方面面。所以，养老服务业既包含在市场经济下应需所生地提供老年服务、产品的养老产业大集合，也包含由政府主要承担的为弥补需求空缺、实现养老服务均等化的养老事业。养老产业与养老事业共同组合形成了更健全的养老服务业体系。

四、财税政策工具

财税政策工具以其产业促进、经济发展、社会公平功能支持养老产业发展，已为世界多数国家和地区证实。2010年以前，财税政策工具并没有在养老产业相关的政策文本中得到系统完整的运用。通过系统地梳理现行的养老产业财税政策工具文本，根据财政收支两条线来定义养老产业发展中的财税政策工具。[①]

（一）收入政策工具

收入政策工具主要包括税收、彩票公益金、行政事业性收费、公债和政府性基金等。

税收是指国家按照法律的规定，强制、无偿取得财政收入的一种规范形式。税收不仅是财政收入的重要组成部分，还能调节社会主体收入、优化资源配置和保持社会稳定。

彩票公益金是政府非税收入的形式之一，是从彩票发行收入中按规定比例提取的，专项用于社会福利、体育等社会公益事业的资金。目前，彩票公益金逐渐成为养老产业的重要资金来源，其重心向民办养老服务倾斜。具体而言，《民政部 国家发展改革委 教育部 财政部 人力资源社会保障部 住房城乡建设部 农业农村部 商务部 国家卫生健康委 市场监管总局 税务总局 全国老龄办关于加强养老服务人才队伍建设的意见》中提出："民政部本级彩票公益金和地方各级政府用于社会福利事业的彩票公益金，要将50%以上的资金用于支持发展养老服务业，并随老年人口的增加逐步提高投入比例。其中，支持民办养老服务发展的资金不得低于30%。"

行政事业性收费是指在向公民、法人提供特定服务的过程中，按照成本补偿和非营利性原则向特定服务对象收取的费用。《国务院关于加快发展养老服务业的若干意见》中提出："对非营利性养老机构建设要免征有关行政事业性收费，对营利性养老机构建设要减半征收有关行政事业性收费，对养老机构提供养老服务也要适当减免行政事业性收费。"

[①] 李雨薇. 促进我国养老业发展的财税政策研究［J］. 中国市场，2019（10）：10-12.

公债是指政府在国内外发行的债券或向外国政府和银行借款所形成的政府债务。《国务院关于加快发展养老服务业的若干意见》中提出："地方政府发行债券应统筹考虑养老服务需求，积极支持养老服务设施建设及无障碍改造。"

政府性基金是指为支持特定公共基础设施建设和公共事业发展，向公民、法人和其他组织无偿征收的具有专项用途的财政资金。

（二）支出政策工具

财税支出的规模和结构，往往反映一国政府为实现其职能所进行的活动范围和政策选择的倾向性。财税支出政策工具主要有财政投资、财政补贴、政府购买服务、税收优惠等。

财政投资又称财政投资性支出，是指以政府为主体，将财政资金用于国民经济各部门的一种集中性、政策性投资。具体而言，财政投资可以直接从供给端丰富养老产品的选择，促进养老设施的建设。在居家养老方面，推动对养老护理专业设备的研发，加快养老服务信息化建设，大力发展居家养老服务网络，引导企业上门为居家老年人提供助餐、助浴、助洁、助急、助医等定制服务；在社区养老方面，加强老年人日间照料中心、托老所等社区养老设施建设，实施社区无障碍环境改造；在机构养老方面，办好公办保障性养老机构，开展公办养老机构改革试点，支持社会力量举办规模化、连锁化的养老服务机构。财政投资会产生乘数效应，即产生宏观经济的扩张效应，有助于我国快速形成有一定规模的养老服务设施，培育一批有一定力量的养老服务机构。

财政补贴是对指定事项由财政安排专项基金向企业或个人提供的一种补贴。我国的财政补贴政策既有针对老年人的直接补贴，也有针对养老机构及养老服务人员的间接补贴。直接补贴分为针对经济困难老年人的养老服务补贴、减轻高龄老年人开支压力的高龄补贴以及针对生活长期不能自理老人的护理补贴。间接补贴分为4种：一是对养老机构的建设和运营补贴，建设补贴一般由地方财政一次性支付，而运营补贴则视养老机构的服务人数按月拨付；二是对养老服务网点的建设实施贷款贴息补助政策，或是对从事养老服务业贷款的融资担保机构提供一定比例的风险补偿和奖励；三是对符合条件的参加养老护理职业培训和职业技能鉴定的从业人员，按规定给予相关人才补贴；四是对吸纳就业困难人员就业的养老机构，按规定给予社会保险补贴。

政府购买服务是指通过发挥市场机制作用，把政府直接提供的一部分公共服务事项以及政府履职所需服务事项交由具备条件的社会力量和事业单位承担，并由政府根据合同约定向其支付费用。政府购买服务是鼓励民间资本参与养老产业的重要形式。政府和社会资本合作模式旨在向社会资本开放基础设施建设和公共服务项目。具体而言，社会急需、项目发展前景好的养老服务项目，要通过中央基建投资等现有资金渠道予以积极扶持。

税收优惠，是指国家按照规定对某一部分特定企业和课税对象给予减轻或免除税收负担的一种措施。以税收工具来助力养老产业发展实则是以重新分配社会财富、保障老年群体稳定为目的，将更多的资源投向养老产品、养老服务和养老机构的建设和运营等方面，以促进整个产业的发展。具体而言，体现在养老产品、养老服务、养老机构的生产、消费和分配过程中，以及整个养老产业发展过程中，以课税的形式来达到积极的激励和消极的限制，即以减税支持其发展。[1]

第二节　政府介入医养结合养老服务业的理论依据

一、公共财政理论

（一）基于国家职能理论的养老服务业产生背景分析

马克思认为，国家的职能"既包括由一切社会的性质所产生的各种公共事务的执行，又包括由政府与人民大众相对立而产生的各种特有的职能"。[2]这就是说，国家既要承担维护统治权威地位、防止政权颠覆的任

---

① 杨复卫，张新民. 支持养老产业发展的财税政策工具选择与应用研究［J］. 西南大学学报（社会科学版），2017，43（6）：49-59；193-194.

② 马克思，恩格斯. 马克思恩格斯全集：第25卷［M］. 中共中央马克思恩格斯列宁斯大林著作编译局，译. 北京：人民出版社，1956：132.

务，又要承担各类公共管理事务。从历史进程来看，国家的社会公共管理职能广受关注，成为实践和理论界研究的重点。现代社会工业化、信息化和城市化的发展，虽然带来了社会财富的爆发式增长，但与之相伴的是人口老龄化问题的凸显。由于国家职能更为注重公共管理角色，老龄问题作为社会风险因素，需要在国家层面予以规避，而养老服务体系的发展作为解决老龄化社会问题的必然选项之一，同样需要从宏观层面予以介入。西方人口学家针对老龄化成因的研究已经形成明确的结论，即对人口老龄化起决定性作用的是生育率的下降，而不是死亡率的下降。凯恩斯在界定政府职责时，将控制人口数量和质量列入维护社会生存和安定的基本条件。计划生育政策解决了我国人口与经济社会协调可持续发展之间的矛盾，解决了社会再生产与人口本身再生产不平衡之间的矛盾。而计划生育带来的家庭小型化，大大降低了家庭作为抵御社会风险基本单位的能力，人们不得不改变养儿防老的传统观念。原本由家庭内部提供的养老服务，如今需要外化为社会服务。如果政府漠视这一变化，不进行有效的社会控制或干预，生存和安定两大政治目标都要面临巨大挑战。因此，从这种意义上说，化解我国老龄化带来的负面影响、发展医养结合养老服务业，政府责无旁贷。

（二）基于公共产品理论的医养结合养老服务业属性分析

1954年萨缪尔森在《公共支出的纯理论》一文中认为，如果对于一种产品每个人都可以对其进行相同水平的消费，并且无论前人对该产品进行了多少消费，都不影响后面消费的人可以消费的程度，那么就称这种具有特殊性质的产品为公共产品。公共产品可分为纯公共产品和准公共产品两类。纯公共产品具有完全的非排他性和非竞争性。非排他性是指当一个人消费公共产品时不能排斥其他人同时享用该产品。非竞争性是指每个人对公共产品的消费不会减少任何人对该物品的消费，也就是说每增加一名消费者，不需要承担额外的成本，即增加消费的边际成本为零。准公共产品是指不同时具有非竞争性和非排他性的公共产品。由于准公共产品兼具纯公共产品和私人产品的双重特征，因此在提供中需要政府加以干涉，但同时为了使其资源配置达到最优，也需要依靠市场机制进行调节。

在社会化养老服务体系中，医养结合养老机构养老服务分为由政府部门提供和由非政府部门（包括非营利组织、市场机构）提供两大类，无论哪种机构的养老服务都具有一定的竞争性。政府部门提供的机构养老服务排他程度最低，公益性最强，公共产品属性最明显；非营利组织提供的机构养老服务的公共产品属性次之；而市场机构提供的机构养老服务收费越高，则排他程度越高，其更倾向于私人产品属性。但如果政府把获得基本养老服务作为每个公民的一项基本权利，那么养老服务就具有了公益性目标，政府有义务保证每位老年人获得相应的服务。从宏观上来看，虽然养老服务仍具有可分性，但其竞争性和排他性会消失，那么此时养老服务就由私人产品转换为公共产品。从全社会来看，养老服务具有准公共产品的属性，政府会优先保障弱势群体权益，保障最基本的公民权利的产品也就是所提供的公共产品。从养老服务供给所体现的公共程度来看，为特定的极少数特殊老年群体提供的生存型养老服务，更倾向于纯公共产品属性；面向有经济实力和追求品质生活的老年群体的品质型养老服务，更倾向于私人产品属性。

（三）基于市场与政府关系理论的医养结合养老服务业发展分析

养老服务业在政府公共财政支持与市场经济资源配置的协同作用下实现渐进式发展，其作用机制已从初期的政府主导型供给模式演进为政府与市场协同发力的多元协作模式。以凯恩斯为代表的国家干预主义理论认为亚当·斯密《国富论》中"看不见的手"的理论难以实现"帕累托最优"，且在某些领域存在市场失灵现象，需要政府加以引导干预，通过财政、货币、福利政策等手段干预市场作用过程，以达到预期的目标。基于此理论和"政府-财政-市场"的关联架构，当前制度设计着力构建以下3组关系：第一，政府与市场的互补关系，通过公共财政杠杆激活市场效能；第二，中央与地方政府的纵向财政事权划分关系，依托转移支付与责任分担机制实现治理协同；第三，跨部门政府机构的横向协作关系，通过政策工具组合提升公共服务供给效率。

我国养老服务业起初只涵盖养老事业，所有与老年人服务相关的财政政策职能都紧紧依托政府集中安排，如典型的公办福利院与敬老院；随后政府财政资金所需要投入的区域不断增加，政府迫切需要用有限的财政投入、税收优惠政策等来引导行业发展，特别是逐步延伸到养老产业领域。从市场角度来说，市场本身存在一定的局限性：一是依靠市场自身无法解决外部性问题；二是市场本身不能有效地提供公共产品，出现供小于需的情况；三是市场本身无法解决社会公平问题；四是市场不能有效解决经济总量平衡问题。医养结合养老服务具有不完全的竞争性、排他性、外部性特征。如果完全由市场这双"看不见的手"引导养老服务资源的配置和供给，政府不进行干预，可能会出现过度市场化。由此政府必须进行公共政策干预，通过财政手段支持养老服务供给，保障老年人的养老权益。财政除了可以直接出资投入养老服务基础设施建设和运营，或者通过补贴、税收优惠等方式保障养老服务供给外，还可以采用政府购买养老服务和PPP模式这两种方式。政府和市场建立新型合作伙伴关系，引入政府因素的同时也引入市场竞争机制，既能调动市场积极性、有效增加养老服务供给，也能提高财政资金使用效率；既能规避市场供给不足的情况，也能降低办事效率低下、寻租的概率。

（四）基于公共财政理论的医养结合养老服务业发展中的财政问题导向分析

公共财政理论认为，一个国家的经济如果在仅靠市场调节的情况下会出现市场失灵的情况，所以政府必须发挥其经济调节的作用来调节市场失灵，由政府来提供公共产品用以满足市场无法满足的公共需求。现阶段我国养老服务业发展应以"市场失灵"作为问题导向，探索财政职能范围。市场失灵包括：养老服务中的信息不对称、负外部性、偏好不合理，老年人收入分配不公、失业及通货膨胀等内容，为了扭转市场失灵，就必须依靠政府干预，以财政手段来实现资源的合理配置，提供市场无法有效供给的养老公共服务和公共产品。政府购买和PPP模式都是不同于单纯依靠政府或市场的第三条道路，在增加公共产品供给、提高政府效率、节约政府资金方面都具有显著的优势。在医养结合养老服务体系建设中，养老院的建设及其他养老设施的建造仍然是重要的基础工作。基础建设的钱从何而来？机构建成后由谁运营？过去主张的政府大包大揽的方式，已逐渐显出疲态，力不从心，直接的表现就是我国目前养老机构建设情况不尽如人意，机构运营面临困境。在这种情况下，如何调动起政府、市场、社会的力量将成为破解未来养老难题的突破口。

（五）基于新公共管理理论的医养结合养老服务业财政发展演变方向分析

新公共管理理论有别于传统行政学的基本论点是政府部门作为公共利益代理人是"经济人"，具有扩大其自身利益的诉求，因此，对公共领域的改革要建立促进行政效率提高的机制，通过重新界定政府的职能，构建社会监督下的"有限政府"。高培勇（2008）认为，这主要体现在三个方面：满足公共需要、立足非营利性和收支行为规范化。管永昊（2009）认为，我国财政公共化内涵事实上包括两个步骤：一是财政传统职能退出和市场化形成；二是渐进式生成市场机制，规范界定财政活动范围。目前我国养老服务体系发展面临的最为突出的问题就是时间紧、任务重，政府需要建设大量的基础设施来保障老年人的生活，扩大私人部门参与养老事业的空间，实现多元化养老产品的提供是未来应对我国养老服务业不足的重要发展措施。

二、福利经济学理论

（一）基于福利多元主义理论的医养结合养老服务业背景分析

福利多元主义理论别名混合福利经济，于20世纪70年代在社会福利领域发展并逐步兴起。该理论在西方发达国家中饱受争议，冲破了国家、家庭的绝对主义藩篱。其目前存在众多派系，主要涉及福利责任分工问题，由不同部门分担福利民生责任，减少政府干预，充分发挥市场、家庭和社会团体的作用，进而保证多主体采取多样化方式参与到社会民生福利的发展中来。第二次世界大战后一些西方国家的政府为公民打造了"摇篮—坟墓"式的福利项目，但由于老龄化加剧，政府开支紧张，英国撒切尔政府及美国里根政府开始减少开支，进行私有化以纠正政府失灵，福利多元主义兴起。最早提出福利多元主义理论的学者蒂特姆斯在《福利的社会分工》中谈到，社会福利由社会、职业、财税福利三部分构成，它们是相互配合、共同影响、协同运转的提供体系。罗斯在《相同的目标、不同的角色——国家对福利多元组合的贡献》一文中提出，社会总福利由家庭、市场和国家共同提供（$TWS=H+M+S$），国家应该积极参与到社会福利的提供中去，但是不应该是唯一有资格提供社会福利的垄断者。单独由国家或者市场的任何一方提供社会福利都会存在各种各样的缺陷，只有三方相互合作，才能相互补充，进行更合理的资源分配，扬长避短。如果政府单方面提供社会福利不仅会形成垄断，而且会有巨大的财政资金方面的压力，只有多方参与到养老服务提供中才能有效地减少政府部门的财政负担。

各国养老服务业的建设都离不开福利多元主义理论的指导，我国养老自古以家庭为核心，逐渐转变为由政府提供养老保障。但是在老龄化的大背景下，家庭养老将面对巨大的资金压力，政府养老也将极大地增加财政负担，更需要社会来提供相应的养老保障。这种将养老服务分配给多个主体共同承担的方式，也是福利多元主义理论在养老服务业中的一种实际运用。国家在社会养老服务活动中，扮演好政策制定者和监管者的角色，社会和家庭主动承担起各自的责任，同时结合我国养老的现实情况，共同建立一个科学理想的养老服务体系。

（二）基于福利经济学理论的医养结合养老服务业财政支持分析

福利经济学，作为研究各种经济状态下社会合意性的经济学一个分支，其根本目的是评价各种资源配置，提供评价公共政策和经济体系运行的系统框架，并研究如何改善社会福利。

福利经济学第一定理表明，如果经济是竞争的，运行良好的竞争制度会使某种资源配置效用较大，可能达到帕累托效率状态，但不一定能使社会福利最大化。哈维·罗森（Harvey S. Rosen）认为即使经济能产生帕累托效率的资源配置，但为了实现"公平的"效用分配，基于公平或其他某种标准，社会也许会倾向于无效率的配置，为政府干预经济提供了一个可能的理由。根据福利经济学第一定理，如果在完全竞争的市场条件下，由市场提供养老服务，能达到帕累托效率状态，意味着资源的配置已经是最优的，没有任何改进的空间，因为任何改变都会影响到至少一个人的利益，此时，市场配置的养老服务资源产生的经济效益最大。但是因为养老服务是社会共同需求，一部分有经济能力的老年群体可以通过市场机制运作获得他们需要的养老服务，而一部分无经济来源或低收入的老年群体无能力在市场上购买他们能够维持生存的养老服务，必然不能使社会福利达到最大化。所以为了达到公平的目的，当社会供给不足时，需要政府出手干预和支持养老服务供给，有责任满足每个公民的基本养老服务需求，维护每个公民的生存权利。①

福利经济学第二定理认为，在完全竞争的市场条件下，政府唯一要做的事情是对按个人禀赋形成的初始财富进行再分配，其余的一切都可以由市场来解决，那些具有帕累托效率的资源配置都可以通过市场机制实现。市场失灵是政府干预的第二个理由。哈维·罗森也指出，市场配置资源失效，不一定意味着政府能做得更好，应具体情况具体分析。每当提出一项政府活动时，则要求回答三个重要问题：一是能否产生合意的分配结果；二是能否提高效率；三是完成成本能否合理。如果答案是否定的，就应该让市场自行发挥作用；如果是肯定的，则政府的干预是必要的。该定理说明效率和公平的问题可以分开，如果出现市场失灵，政府会进行再分配干预经济。根据福利经济学第二定理，养老服务因为存在正外部性和社会公益性，市场失灵是难免的，所以，在市场按照个人禀赋进行财富分配的基础上，以公平为目的，政府应该对市场失灵、市场供给养老服务不足的部分，以直接投资、购买、补贴、税收等为主要财政支持手段，进行养老服务资源再分配。政府和市场各执其能、互相配合，才能使养老服务供给在一定条件下，既能实现社会经济效益最大化，又能达到社会福利最大化的均衡状态。

（三）福利多元主义理论对医养结合养老服务业的影响分析

我国沿袭福利多元主义理论，在养老服务业方面充分实践。20世纪80年代之前，传统养老供给主要靠家庭、单位、政府。20世纪80年代初，我国鼓励服务普遍化、投资主体多元化、模式多样化，养老供给主要靠家庭、社区、机构。1986年提出"社会福利社会化"发展目标，使社会福利来源逐步多元化，当前主要由政府、社会、市场、社会组织提供养老供给。伴随我国老龄化程度的加深及家庭保障功能的衰退，涉及高龄、失能、失独、空巢等老龄福利问题愈加严峻。"医养结合"的养老服务应

---

① 罗森. 财政学［M］. 郭庆旺，赵志耘，译. 7版. 北京：中国人民大学出版社，2006.

运而生，同样也是一种社会福利，政府、社会、市场、社会组织都可以作为这种福利的供给主体，为大众供给"医养结合"养老服务。按照福利多元主义理论思维，医养结合养老服务供给体系多元化是主要方式：一是可以让政府的担子减轻，找到发挥公共服务功能的实现路径，重点突出制度设计、财政支撑、绩效评估和监督管理；二是整合养老服务资源要素，充分挖掘市场潜力，吸引更多社会资金力量注入养老服务中；三是确保养老服务质量优化升级，有了多元化主体参与、多途径资金使用、主客体高效监督管理及完善的服务供给体系，能够保证老年人在有偿无偿服务项目需求中自由选择，满足多变的生活需要，保证服务质量。

福利多元主义理论运用于"医养结合"养老服务中的例子之一便是由德国的长期护理保险制度借鉴而来的日本的介护保险，其以基层政府为主体，逐渐扩大介护服务主体范围，使得大量的营利机构和非营利机构参与进来，共同为65岁以上的老年人提供多层次、多样化和高质量的服务。这样既缓解了政府在供给服务方面的压力，又提供了令人满意的服务，还控制节约了成本，使得养老护理产业获得了长足的发展。人口老龄化问题迫切需要从体制机制上发挥政府主导、社会家庭广泛参与的根本作用，合理区划责权利的现实关系，引导"诸侯力量"加入养老服务建设。公共财政资金投入的有限性必然导致资金使用结果的局限性，民间社会无论在发展技术创新上还是在资金筹划支配上都有强大的后发优势，特别是资金来源可依据总体均衡，应对不同地区、群体特点，灵活保证筹资配置渠道通畅，让贫困区域的老年人得到政策照顾，破解生活难题，给予低收入补贴和社会公益资助，让有限却可以"无限"的财政资金流向真正需要帮助的老人。

随着社会的发展和人口老龄化的加剧，养老服务业在我国也经历了重要的转变。家庭作为传统的养老场所，其作用已逐渐转变，不再是老年群体唯一的依赖。政府、社区和家庭三者之间的分工和定位变得更加明确，形成了一个互相支持、相辅相成的养老服务体系。在这一体系中，中央政府扮演着重要的角色，主导养老服务业的总体发展，为整个行业指引发展方向，并通过权力下放，赋予地方政府更多的自主性和灵活性，使地方政府能够根据本地实际情况，积极响应中央的号召，制定和实施适合本地区发展的税收政策。市场在养老服务业中起着核心作用，特别是在社会资源的配置中，负责实现资源的高效配置，通过市场机制的作用，能够有效地调动社会各方面资源，为老年人提供更多、更好的产品和服务。家庭和社区是养老服务体系的基础组成部分，家庭提供日常的关怀和支持，社区则提供更加广泛的服务，共同构建一个包容和支持的环境，需要配合政府的各项政策和制度，通过互帮互助促进养老服务业的健康发展。养老服务业作为社会福利体系的重要组成部分，其发展不仅关系到老年人的生活质量，也是衡量一个社会文明进步和公平正义的重要标志。因此，政府、社会、市场、社会组织需要共同参与和协同推进，以确保养老服务业的健康发展，促进社会的和谐稳定。

三、供求平衡理论

（一）医养结合养老服务业需求端影响因素分析

一种产品或者服务的需求量是指在一定的价格水平下，消费者愿意购买并且可以支付的产品或者服务的数量。从经济学的需求定律来看，在其他条件相同的情况下，当产品的价格上升时，产品的需求量会下降，当产品的价格下降时，产品的需求量会上升，产品的需求量与价格之间呈现出反向相关的关系。能够影响养老服务需求量的因素有：

1.收入

人们的收入越高，就越有能力去支付养老服务，老年人的很多潜在需求就可以得到实现，那么社会对养老服务的需求就会增加。

2.人们的消费偏好

养老服务所包含的服务和产品种类繁多，如果老人们更喜欢在家里养老，那么社会对居家养老的相关服务需求就会增多；如果老人们更喜欢机构养老，那么社会对机构养老的相关服务及设施需求就会增多。

3.消费者的数量

就养老服务市场来说，消费者主要是老年人，老龄人口增多，则对养老服务的需求就会增多。

4.政策管制

对于由政府提供的公共养老服务，其价格是由政府政策规定的，政策制定的价格降低，则社会对公共养老服务的需求量会增加，如果价格升高，则社会对养老服务的需求量会减少。针对养老服务的特殊性，养老服务的需求量还受老年人的健康状况、教育程度、年龄等因素的影响。

（二）医养结合养老服务业供给端影响因素分析

产品的供给量主要是指在一定价格水平上，生产者愿意生产而且能够生产的产品的数量。能够决定供给的因素有很多，但是价格是其中最重要的一个因素。从经济学的供给定律来看，在其他条件都相同的情况下，当产品的价格上升，产品的供给量上升，当产品的价格下降，产品的供给量下降，产品的价格与供给量之间存在正向相关的关系。影响医养结合养老服务的供给因素有：

1.投入品的价格

当生产者提供的养老服务或产品的投入品价格升高时，如果医养结合养老服务的价格不变，那么生产者愿意提供的服务或产品的供给量就会下降。

2.技术

如果有可以应用于医养结合养老服务或产品的新技术出现，则会给生产者带来生产成本的降低，这有利于增加医养结合养老服务或产品的供给。

3.供给者的数量

如果其他条件不变，能够提供医养结合养老服务或产品的生产者数量增加，那么医养结合养老服务或产品的供给量就会增加；反之亦然。

4.其他因素

就我国医养结合养老服务的供给市场来看，还受到法律法规和政策、财政能力等因素的影响。就公共医养结合养老服务而言，其主要供给者是政府，但是政府能够提供的医养结合养老服务的数量主要取决于政府的财政支付能力。如果财政支付能力强，则政府能够提供的医养结合养老服务量会增加，如果政府的财政支付能力弱，则其能够提供的医养结合养老服务量就会减少。对于私人部门提供的医养结合养老服务而言，私人部门进入医养结合养老服务领域受到很多政策法规的管制，如果管制收紧，则进入医养结合养老服务领域的私人生产者就减少，相应的医养结合养老服务供给量就会有减少的趋势；如果管制放松，则进入医养结合养老服务领域的私人生产者就会增加，相应的医养结合养老服务供给量会有增加的趋势。

（三）医养结合养老服务业的新供给经济学理论发展

理论上而言，当养老服务市场的需求与供给相等时，养老服务市场达到平衡状态，在这一状态下，所提供的医养结合养老服务能够达到所有老年人的养老服务需求。但医养结合养老服务供求平衡是一种理想的医养结合养老服务状态。在现实中，随着我国老龄人口数量的不断增加，社会对医养结合养老服务的需求不断增加，如果政府不及时采取措施增加养老服务的供给，那么我国养老服务的供需缺口将会进一步增大，这将导致越来越多的老年人陷入老无所养的状态，这将不利于经济社会的发展，不利于和谐社会的构建。新供给经济学理论框架在2012年左右形成，2018—2023年，它对中国经济政策仍有显著影响，特别是在应对经济挑战和推动改革方面。新供给经济学的微观理论基础是引导医养结合养老服务业创造新需求，宏观理论核心是从新供给经济周期出发优化产业结构。由于医养结合养老服务产业化发展和技术进步、供给与需求循环交替的相互作用，供给经济周期波动形成。从医养结合养老服务供给端出发，供给形成、供给扩张、供给成熟、供给老化这四个阶段构成了一个完整的医养结合养老服务新供给经济周期。①

新供给经济学理论不仅适用于宏观经济层面，也适用于微观经济层面。医养结合养老服务业的产生，既有现实因素，也有理论依据。从现实来看，养老服务供给与养老需求严重失衡，存在总量失衡与结构错位的问题，需要通过养老服务供给侧结构性改革来"对症下药"。从理论来看，应该从政府和市场两个供给主体角度进行分析：

一是从政府供给养老服务角度。结合"政府失灵"理论，政府干预市场行为时也存在失灵的可能。如果沿用传统的政府权威模式兜底养老服务业、调配养老服务资源，存在浪费和滥用的弊端，容易加剧社会、市场与政府所占资源的冲突与对立，致使支出规模过大或低效率。这样不仅无法有效满足当前养老需求，也很难实现政府职能，而且社会福利的成本也

---

① 滕泰，刘哲. 供给侧改革的经济学逻辑——新供给主义经济学的理论探索［J］. 兰州大学学报（社会科学版），2018，46（1）：1–12.

较高。

二是从市场供给养老服务角度。结合"市场失灵"理论，追求利益的市场主体愿意提供的一般是中、高端的养老服务，养老服务总体具有准公共产品属性，而且养老服务市场信息不充分，服务的定价和品质不匹配，容易导致养老服务供给与需求出现结构性失衡。

"医养结合"作为近几年创新的养老服务理念，属于新供给形成阶段，整个养老服务业会出现新的均衡，开启新的增长模式。贾康认为，构建和完善新的养老服务供给模式时，需要回答一系列问题：什么样的养老服务供给会创造医养结合养老服务和满足社会的养老需求？这个过程该由谁来主导？政府扮演什么角色？新供给经济学理论提供了解决这种困境的依据，如果能创造医养结合养老服务有效率的供给，相应的就会衍生出需求，新的需求又会带动新的供给，这种供需良性医养结合养老服务循环互动是一种非常理想的市场运行机制。[①]为促成养老服务供给在新供给形成和医养结合养老服务扩张阶段保持良性循环状态，当前最直接有效的办法就是，在供给端政府要更好地发挥引导和扶持作用，激发创新精神和改革的决心，供给抑制解除、供给约束放松，为各类经济主体提供良好的制度环境和市场环境。同时，也要通过财政政策，吸引社会资源和民间资本投入养老服务业中，提供足量优质的养老服务并创造新供给，不仅能满足原先的需求，也能释放新的需求潜力。

第三节　财税政策促进医养结合养老服务业发展的作用机理

一、财政投资

财政投资，也称财政投资性支出或公共投资，其与社会消费性支出同

---

① 韩蕴琪."医养结合"养老服务供给侧改革中的政府行为研究［D］. 南宁：广西大学，2017.

属购买性支出。与医养结合养老服务业相关的财政投资是指以政府为主体，将其从社会产品或国民收入中筹集起来的财政资金用于养老服务基础设施建设和运营的一种集中性、政策性投资。财政投资建设和运营的公立养老院是典型代表。在我国计划经济时期和市场经济初期，这种财政支持方式在提高养老服务供给、建立养老服务体系中起到了关键作用。但随着社会老龄化的加剧、经济的转型和生活水平的提高，城市老年人养老服务需求的数量和品质也相应提高，若完全依赖财政投资，会给政府造成超额债务负担。因此，在我国现阶段市场经济体制下，财政既有完全的资金投资，也有注入部分资本金与社会资本合作的投资方式，如PPP模式。财政投资的医养结合资金来源，主要靠中央和地方财政的一般预算支出、政府性基金、福利彩票公益金、社区机构自筹资金。其中，中央一般预算支出是基础，福利彩票公益金是主要的资金来源。各级福利彩票公益金要按规定将其50%以上用于支持发展养老服务业，并随老年人口的增加逐步提高投入比例。其中，支持民办养老服务发展的资金不低于30%。

财政直接投资主要影响的是医养结合养老服务资源配置和供给，会产生4种效应：

一是引导效应。政府对医养结合养老服务供给的财政投资，会影响医养结合养老服务业的着眼方向。一方面，为私人部门投资创造了良好、稳定的营商环境；另一方面，政府更具有信息优势，政府投资让私人部门对医养结合养老服务业发展前景预测较好，愿意追随政府的行为，转向或扩大对医养结合养老服务业的投资。

二是供给效应。哈罗德（Harrod，1948）和多马（Domar，1957）指出投资具有双重效应，即投资创造收入，产生对产出的需求效应；投资增加资本存量、提高生产能力，产生供给效应。[1]财政投资的增加会提高医养结合养老服务的生产能力，从而提高医养结合养老服务供给。

三是乘数效应。乘数效应是指政府对医养结合养老服务业投入财政资金后，将给市场带来比财政投入资金多几倍的影响。根据凯恩斯的投资乘数理论，财政资金投入医养结合养老服务基础设施的建设和运营，不仅能提高医养结合养老服务供给总量，而且会推动对医养结合养老服务业相关

---

① 赵志耘，吕冰洋．财政投资的外溢效应分析［J］．财贸经济，2007（10）：55-60.

行业的投入和生产，随之会产生一系列连锁反应，其他相关经济部门的投资与收入也相应增加，最终使国民收入成倍增长。

四是挤出效应。我国医养结合养老服务资源有限，政府占据优势地位，其投资建设的医养结合养老服务基础设施，会降低医养结合养老服务在市场竞争条件下的价格。价廉质优的医养结合养老服务符合需求者的消费偏好，市场上医养结合养老服务的其他供给主体容易处于竞争劣势。从长期来看，政府投资对民间投资产生一定的挤出效应。

二、财政补贴

财政补贴是指国家无偿安排财政专项基金，用于扶持或帮助特定对象，实现某种经济目标或社会目标，而给予企业或者个人的补助。财政补贴是调节配合工资价格政策的重要杠杆，增加补贴，会刺激总需求和生产供给，减少财政收入，增加财政支出；减少补贴，会抑制总需求和生产供给，更有利于增收节支和调节财政收支均衡。财政补贴的作用条件一般为：一是补贴范围和数额要精当；二是补贴要适应经济变化；三是补贴方式要有利于产生财政补贴效应。财政补贴包括价格亏损补贴、财政贴息和税收减免等，主要针对价格和亏损进行补贴，规模适当，就可以推动经济持续发展；规模不当，就会削弱财政支出效应。例如，可以促进社会再生产中分配环节的调节，也即生产决定财政，财政反作用于生产。直接性财政补贴会挤出社会组织捐赠筹款，加剧基金会的财政依赖；限定性财政补贴的挤出效应要弱于非限定性财政补贴。在医养结合养老服务业中，财政补贴可刺激老年人消费欲望，增加社会资本对养老机构的投资欲望，扩大养老服务需求，提高养老机构入住率，降低民办养老机构建设门槛，保证老年人获得优质的养老福利。其在医养结合养老服务业发展过程中的补贴形式主要包含：对老年人进行补贴，根据《国家基本公共服务标准》要求，针对经济困难或生活无法自理的老年人群体要大规模建立老年人高龄补贴、医养结合养老服务补贴及最低生活保障制度；对医养结合养老服务相关企业机构则提供用地保障、税收减免、财政补贴等，通过直接对医养结合养老服务的供给者进行适当补贴，可以有效降低企业运营成本。与此同时，政策的出台、财政资金的流动，会对外界释放积极信号，增加社会投资意愿，进一步扩大医养结合养老服务业的发展规模。

财政补贴作为政府对某些企业或个人的一种转移支付制度，是国家调节国民经济和社会生活的一种重要方法，其在医养结合养老服务业发展过程中的补贴形式可以概括为对生产者的补贴和对消费者的补贴。目前，我国对生产者的补贴，主要是对养老服务提供机构（包括老年产品生产企业）建设、运营的补贴；对消费者的补贴，主要是对老年人的补贴。财政补贴可以影响医养结合养老服务业的供需结构，对供给的影响，主要是通过改变供给方的生产成本和盈利水平来实现的。对生产者进行补贴，可以降低其生产成本，生产成本降低，则市场供给量上升，产品价格下降，在原收入水平下消费者的实际购买力增强，会增加对该产品的消费。但如果对生产者进行长期补贴，则可能对社会资本进入该行业具有一定的挤占效应，不利于行业的长远发展。对处于行业发展初期的企业进行补贴则可有效降低行业生产成本，促进行业快速发展。对需求的影响，主要是通过改变需求方支付能力和医养结合养老服务（包括老年产品）的相对价格来实现的。对消费者进行补贴，使其收入增加，则会使需求曲线右移，价格和数量均呈上升趋势，吸引供给者扩大生产规模。同时，价格的上升，行业利润的增加，会吸引更多资金进入到养老服务业中。

三、政府购买

政府购买养老服务，是指按照一定的方式和程序，政府通过公开招标，根据合同签约付费或定向直接拨款资助的形式，从财政的社会福利预算中拿出经费，向社会各类养老服务机构购买养老服务，提供给老年人。财政预算的约束性与政府职能的有限性，使政府购买养老服务成为必然的财政支持方式之一，是政府解决社会养老难题的一种创新。通过委托代理机制，政府作为委托人，社会组织作为代理人，政府将养老服务外包给社会组织，两者之间订立契约，分离了养老服务的生产与提供环节。在养老服务的"供给—购买—使用"的新链条中，社会服务机构成为供给方，承接生产具体的专业化养老服务，政府由传统的供给方变成了需求方即购买者。政府需要充分调查养老服务使用者——老年人的养老需求，扮演资金提供者与监督管理者的角色。这种方式，既能减轻政府直接提供养老服务的负担，又可以满足养老服务的多元化需求；既提高了政府工作效率和财政资金使用绩效，又改善了养老服务的供给效率和质量。

首先，政府购买养老服务的提供将引起需求量的变化。对于低需求人群来说，显然政府提供的数量超出其需求数量；对于高需求人群来说，政府提供的数量则不足。但是，由于政府提供的养老服务是免费的，因此即使是低收入人群，他们最终所使用的服务数量也要达到政府提供的量，据此社会整体的养老服务需求量增加。

其次，政府提供的养老服务将会影响个人在不同消费品间的选择。总体来说，无论是现金补贴还是实物补贴，老年人消费支出都会增加；如果增加特定类型的养老服务的消费量实物补贴，效果要大于现金补贴。政府免费提供一定数量特定种类的养老服务后，会对消费者产生收入效应和替代效应的双重影响。从收入效应看，免费的服务代表着收入的增加，即使不改变任何偏好，消费者也可享受更多养老服务。从替代效应看，免费的服务代表着其相对价格的下降，老年人将偏好选择更多这类养老服务，其底线为政府免费提供的数量（自发消费低于政府提供数量的低需求人群）。

政府购买养老服务存在购买支出乘数效应，会拉动相关行业发展，激发社会力量投入养老服务的积极性，提高养老服务供给总量和效率。而且，政府购买养老服务免费或低价提供给符合条件的老年人，相对提高了老年人对养老服务的消费能力，从而增加养老服务的需求。政府向社会养老服务机构出资购买它们生产的服务，调动了社会养老服务机构的生产积极性，使得养老服务供给量也得到提高。政府购买可以在养老服务价格不变的条件下，实现养老服务供给帕累托改进，增加养老服务供给数量，提高养老服务供给效率，扩大社会福利覆盖面。

四、税收优惠

税收优惠是国家干预经济的一种重要财政手段。政府运用税收减免、税收抵扣、延期纳税、加速折旧、税率优惠等方式，对特定的纳税人或征税对象给予照顾，以减轻纳税人的税收负担、影响纳税人的行为选择。斯坦利·S.萨里（Stanley S. Surrey，1967）提出了税式支出的概念，其认为税收优惠实质是一种隐性的政府支出。税式支出的理论是将政府收入和政府支出有机结合，税收优惠不仅是政府让渡一部分财政收入，还是政府一种间接财政支出，量化的税收优惠要纳入政府支出预算管理。税收优惠对养老服务供给的支持，包括对养老服务需求方和供给方的税收优惠两类。

我国对养老服务需求方的税收优惠，主要体现为对老年人基本养老金免征个人所得税，以及赡养 60 岁及以上老人的独生子女纳税人可享受每月3 000 元的专项附加扣除额，非独生子女，与兄弟姐妹分摊每月 3 000 元的额度，每人最高不超过 1 500 元。同时，地方政府发放的高龄津贴免税。对老年人的税收优惠，相当于增加其可支配收入，提高养老服务消费能力和需求。对养老服务供给方的税收优惠，主要体现为对养老服务机构的企业所得税、增值税、房产税、城镇土地使用税、车船使用税等的减免。这不仅可使养老服务机构的运营成本下降，从而改变养老服务相对价格，让老年人受益，而且能吸引更多的社会资本加入，提高社会养老服务供给能力和水平。

通过出台针对促进养老服务业发展的税收优惠政策，可以有效降低市场养老服务的成本，同时产生收入效应和替代效应。收入效应是指在消费者收入不变的情况下，实行养老服务业税收优惠政策后，会使得养老服务产品价格下降，消费者的实际收入相对于该种商品的价格下降而言则增加了，购买能力增强，从而对这种商品的需求增加。政府通过出台税收优惠政策，会降低养老服务机构的运营成本，同时也会增加居民的可支配收入，所以从整体上看养老服务的价格也发生了改变。此时，收入效应与替代效应共同发挥作用。替代效应则主要针对消费者而言，是指在其总收入不变的情况下，对养老服务业实行税收优惠政策，导致养老服务产品价格下降，而一般商品价格不变，消费者就会增加养老服务需求，选择养老服务产品来代替一般商品。

第三章 我国医养结合养老服务业财税支持政策及发展现状分析

第一节 政策工具视角下财税支持政策文本内容分析

一、文本的选择

本书广泛收集了促进医养结合养老服务体系发展的政策文本并且应用提及财税政策的相关文本作为研究样本。总体来说，政策文本的选取过程经历了如下步骤：

（一）确定文本收集的时间段

医养结合在我国的发展与变迁可以分为四个阶段：酝酿萌芽阶段、过渡起步阶段、发展落实阶段以及深化完善阶段。20世纪90年代末我国步入老龄化国家行列，但属于开始阶段。[①]直到2000年，老龄政策才开始形成独立的政策体系，不再只是作为经济发展的附属品，零散嵌入在经济发展过程中。[②]在此之前，政府仅将少量资金用于敬老院、福利院建设，带有福利性的财政投资用于集中供养农村"五保"人员等特殊群体，加之当时家庭多子特征明显，养老服务需求并不突出，所以一开始养老问题并不是财政政策关注的重点。2000年我国正式步入人口老龄化社会之后，养老服务体系的概念逐渐从老年人福利服务体系中抽离出来，财政政策的重要作用开始显现，所以，政策文本收集的起始时间定在2000年。

具体划分标准如下：

第一，酝酿萌芽阶段（2000—2010年）的划分标准。以2000年我国进入老龄化社会为起点，以"医养结合"1.0版本提出的前一年为终点，作为酝酿萌芽阶段的划分标准。"医养结合"理念的提出最早源于养老服务领域，2011年9月发布的《国务院关于印发中国老龄事业发展"十二五"规划的通知》要求"统筹发展机构养老服务"，具体举措包括"推进供养型、养护型、医护型养老机构建设"。

第二，过渡起步阶段（2011—2012年）的划分标准。以2011年"医养结合"1.0版本的提出为起点，以"医养结合"概念正式提出的前一年为终点，作为过渡起步阶段的划分标准。2013年发布的《国务院关于加快发展养老服务业的若干意见》《国务院关于促进健康服务业发展的若干意见》中先后提到了"积极推进医疗卫生与养老服务相结合""推进医疗机构与养老机构等加强合作"的表述，虽然这些表述并未凝练为"医养结合"这样的固定名词，但是《国务院关于加快发展养老服务业的若干意见》中已经明确将"积极推进医疗卫生与养老服务相结合"的内涵与要求纳入主要任务，使得2013年成为医养结合服务相关政策制定的正式起点。

第三，发展落实阶段（2013—2018年）的划分标准。2015年，"医养结合"作为一个概念首次被政策文件《全国医疗卫生服务体系规划纲要（2015—2020年）》所提及，故以2013年"医养结合"的提出为起点，以"医养结合"最新版本提出的前一年为终点，作为发展落实阶段的划分

---

① 王晓洁. 人口老龄化下我国养老服务财政保障政策的演进特征及展望［J］. 经济与管理，2021，35（1）：13-19.

② 韩烨，付佳平. 中国养老服务政策供给：演进历程、治理框架、未来方向［J］. 兰州学刊，2020（9）：187-198.

标准。

第四，深化完善阶段（2019年至今）的划分标准。2019年《中共中央关于坚持和完善中国特色社会主义制度 推进国家治理体系和治理能力现代化若干重大问题的决定》中提出，"积极应对人口老龄化，加快建设居家社区机构相协调、医养康养相结合的养老服务体系"。自此，医养康养相结合，成为近年来的新提法、新概念，故以2019年"医养结合"版本的提出为起点，直至今日仍处于该阶段，作为深化完善阶段的划分标准。

（二）确定政策文本的收集方向

文本的来源主要有3个方面：

一是通过政府门户网站和与养老服务体系发展相关的网站，对菜单栏"公文公报""政策法规"等栏目进行政策文本检索。其中，政府门户网站包括中央人民政府、国家税务总局、民政部、财政部等政府门户网站，与医养结合养老服务体系发展相关的网站包括中国保障学会、养老信息网、中国健康养老集团有限公司等网站，在这些网站中普遍可以检索到与医养结合养老服务体系发展密切相关的政策文本。

二是对知网数据平台进行检索，阅读搜索到的相关文献资料，利用文献中提到的相关政策文本进行查漏补缺。

三是在"北大法宝数据库"中使用全文包含关键词"医养结合"进行高级检索，以保证数据来源的完整性。

（三）筛选满足条件的政策文本

一是只选用中央政府层面出台的政策文本，包括国务院、国务院办公厅、国务院直属机构、国务院组成部门、群团组织等发布的政策文本，不包括各省、市、地方部门发布的政策文本。

二是选用通知、意见、决定、公告、实施办法这类使用规范且能直接体现发文机构态度的政策文本，回复、批复函等不包括在内。

三是选用的政策文本必须与医养结合养老服务体系的发展密切相关，且政策文本中体现了财税政策工具的运用，与养老服务体系发展关联性不强或者未提及财税政策运用的政策文本不在研究范围内。

经过上述3个步骤，本书最终梳理出200份政策文本作为有效样本，见表3-1。

表3-1 医养结合养老服务体系发展过程中运用财税政策的政策文本

文件编号	政策文件名称	发文机构	发文时间
1	《国务院办公厅转发民政部等部门关于加快实现社会福利社会化意见的通知》	民政部、国家计委、国家经贸委、教育部、财政部、劳动保障部、国土资源部、建设部、外经贸部、卫生部、税务总局	2000年2月27日
2	《中共中央 国务院关于加强老龄工作的决定》	中共中央、国务院	2000年8月19日
3	《财政部 国家税务总局关于对老年服务机构有关税收政策问题的通知》	财政部、国家税务总局	2000年11月24日
⋮	⋮	⋮	⋮
9	《中华人民共和国印花税暂行条例（2011年修订版）》	国务院	2011年1月8日
10	《国务院关于印发中国老龄事业发展"十二五"规划的通知》	国务院	2011年9月17日
⋮	⋮	⋮	⋮
16	《民政部关于推进养老服务评估工作的指导意见》	民政部	2013年7月30日
17	《国务院关于加快发展养老服务业的若干意见》	国务院	2013年9月6日
⋮	⋮	⋮	⋮
118	《进一步优化供给推动消费平稳增长 促进形成强大国内市场的实施方案（2019年）》	国家发展改革委、工业和信息化部、民政部、财政部、住房城乡建设部、交通运输部、农业农村部、商务部、国家卫生健康委、市场监督管理总局	2019年1月28日

续表

文件编号	政策文件名称	发文机构	发文时间
119	《关于明确养老机构免征增值税等政策的通知》	财政部、国家税务总局	2019年2月2日
⋮	⋮	⋮	⋮
198	《国家卫生健康委办公厅 民政部办公厅 国家中医药局综合司 国家疾控局综合司关于深化医疗卫生机构与养老机构协议合作的通知》	国家卫生健康委办公厅、民政部办公厅、国家中医药局综合司、国家疾控局综合司	2024年12月2日
199	《关于在全国范围实施个人养老金个人所得税优惠政策的公告》	财政部、国家税务总局	2024年12月12日
200	《中共中央 国务院关于深化养老服务改革发展的意见》	中共中央、国务院	2024年12月30日

二、分析维度的构建

（一）财税政策发布年度维度

在最终筛选出的200份政策文本中，按照时间先后排序，依托于上文所阐述的医养结合发展相关政策演进，分别为：2000—2010年的酝酿萌芽阶段，此阶段现实需要养老服务与医疗卫生服务相结合；2011—2012年的过渡起步阶段，此阶段开始逐步探索养老服务与医疗卫生服务相结合；2013—2018年的发展落实阶段，此阶段正式提出"医养结合"概念并付诸实践；2019—2024年的深化完善阶段，此阶段全面落实健康老龄化规划和推进医养康养相结合。故本书将财税政策文本年度细为4个时间段：2000—2010年、2011—2012年、2013—2018年、2019—2024年。

（二）财税政策发布部门维度

医养结合养老服务体系的发展是关乎群众福祉的民生事业，在收集到的医养结合养老服务体系发展的政策文本中出现了职能部门间联合发文的情况。在本书筛选出的200份政策文本中，可按政策文本颁布部门分为三类：

第一类是以国务院、国务院办公厅、全国人大等为主体的中央顶层发文机关，这类部门多独立发文，其出台的政策文件一般起统领指导作用。

第二类是国务院组成部门、直属特设机构、直属机构、直属事业单位、国务院议事协调机构、国务院部委管理的国家局等部门，这类组织依据中央文件的指导思想再进行政策实施层面的具体细化，像民政部、财政部等部门均属于其中。

第三类是除了前两类国务院职能部门之外的社会团体和群众组织等群团组织，如中国红十字会总会、中华全国总工会等，这类组织是政策落地实施层面的有效抓手和补充。

（三）财税政策工具类型维度

根据财税政策工具在所收集到的政策文本中的实际体现情况，本书将财税政策工具划为财政投资、财政补贴、政府购买和税收优惠四类。其中财政投资资金绝大部分是在福彩公益金的预算安排中列支，主要对养老产业的建设、运营、人员等方面进行支持保障。财政补贴主要有两类：一类是政府对民营养老机构发放的新建床位补贴；另一类是对达到一定年龄的老年人发放的高龄补贴。政府购买主要指社会急需、项目发展前景好的养老服务项目，要通过中央基建投资等现有资金渠道予以积极扶持。税收优惠主要是指以减税支持医养结合养老服务体系发展的各种形式。

（四）财税政策工具应用的目的维度

财税政策工具应用的目的贯穿医养结合养老服务体系发展的整个过程，主要包括前期的规划环节、中期的建设运营环节、后期的资产处置和完善环节。从应用目的角度分析医养结合财税政策可以更好地把握养老服务体系发展的全过程。按照不同阶段作用效果的不同，可以将应用目的分为前期合作筹集资金、中期人才建设求发展、后期完善运营促消费三方面。

三、分析单元的确定与编码

政策文本量化的方法主要包括文献计量法、内容分析法和文本挖掘法三大类。由于本书研究的核心是医养结合财税政策的意图及变迁，依托于知识单元和编码体系的计量，故将涉及财税政策的具体条款作为知识单元，根据财税政策工具的类型及应用目的设置编码，编码类别设置见表3-2。本书在对200份直接相关的政策文本进行深入研读的基础上，按照"政策文本序号—运用财税政策条款在此政策文本中出现的顺序"方法进行编码，由此得到本书的分析单元编码表，见表3-3。

表3-2 编码类别设置表

	编码类别设置
财税政策工具类型维度	财政投资、财政补贴、政府购买、税收优惠、非税收优惠
财税政策工具应用的目的维度	前期合作筹集资金、中期人才建设求发展、后期完善运营促消费

表3-3 200份政策文本外部编码表

文本序号	文本名称	相关条款编码
1	《国务院办公厅转发民政部等部门关于加快实现社会福利社会化意见的通知》	1-1投资主体多元化。从我国基本国情出发，推进社会福利社会化，采取国家、集体和个人等多渠道投资方式，形成社会福利机构多种所有制形式共同发展的格局。 1-2对社会福利机构及其提供的福利性服务和兴办的第三产业，安置残疾人的福利企业，以及单位和个人捐赠支持社会福利事业的，国家给予税收优惠政策，按照现行国家税法规定执行
⋮	⋮	⋮
199	《关于在全国范围实施个人养老金个人所得税优惠政策的公告》	199-1个人享受税前扣除优惠时，以个人养老金信息管理服务平台出具的扣除凭证为扣税凭据。取得工资薪金所得、按累计预扣法预扣预缴个人所得税劳务报酬所得的，其缴费可以选择在当年预扣预缴或次年汇算清缴时在限额标准内据实扣除。取得其他劳务报酬、稿酬、特许权使用费等所得或经营所得的，其缴费在次年汇算清缴时在限额标准内据实扣除。个人按规定领取个人养老金时，由开立个人养老金资金账户所在市的商业银行机构代扣代缴其应缴的个人所得税

续表

文本序号	文本名称	相关条款编码
200	《中共中央 国务院关于深化养老服务改革发展的意见》	200-1加快健全养老服务网络，优化"居家为基础、社区为依托、机构为专业支撑、医养相结合"的养老服务供给格局，强化以失能老年人照护为重点的基本养老服务。 200-2促进医养结合。强化医疗卫生服务与养老服务在政策体系、服务制度、业务流程等方面的有机结合，加强疾病防控。 200-3通过政府购买服务等方式，大力培育养老服务社会组织、基层老年人组织，发展助老志愿服务，探索建立养老志愿服务时间储蓄管理制度。 200-4中央预算内投资积极支持养老服务体系建设。加快建立长期护理保险制度，合理确定经济困难失能老年人护理补贴覆盖范围和补贴标准，做好长期护理保险与经济困难的高龄、失能老年人护理补贴等政策的衔接。开展县域养老服务体系创新试点，支持试点地区优化资源配置

四、信度检验

信度是指从文本中所提取信息的有效性和可靠性，或是一个方法在多次使用中得出一致性结果的程度。文本分析法的信度检验通常通过检测不同编码者在相同文本上的编码结果的一致性程度来评估，按照Berelson内容分析法信度检验的观点，认为信度系数在0.8~0.9为非常好。本书从200份政策文本中随机抽取50份进行编码，结果35份保持基本相同，以此测度本书的两个编码结果之间相互同意的程度 $K=2×M/（N1+N2）=2×35/（50+50）=0.70$，随即代入信度公式，计算效度 $R=n×K/[1+（n-1）×K]=2×0.70/[1+（2-1）×0.70]=0.82$。检验结果显示非常好，编码信度可靠。

五、频数统计与量化分析

（一）政策文本类型分布情况

我国医养结合养老服务财税支持政策涉及文件类型多样，有"规划"

"通知""意见""条例""公告""纲要"等多种形式。在本书所选择的200份政策文本中，以"通知""意见"为主，"通知"有90份，占比45%；"意见"有64份，占比32%；"规划"有28份，占比14%；"纲要"有8份，占比4%；"公告"有4份，占比2%；"条例"仅有2份，占比1%；其他占比2%。

政策文本类型分布情况如图3-1所示。

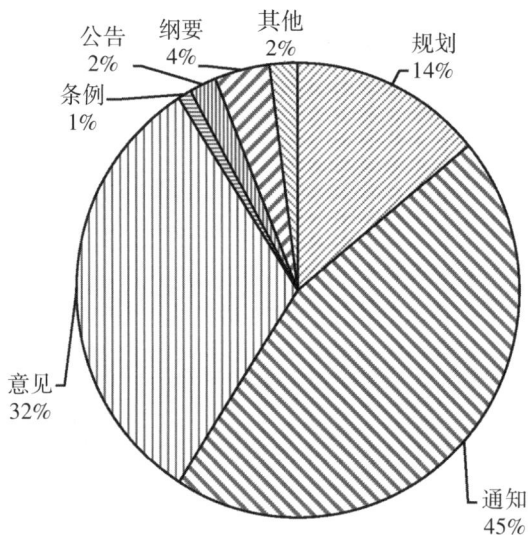

图3-1 政策文本类型分布图

（二）政策文本发布年度分析

我国医养结合财税政策文本在2000—2012年之间发布频数较少，自2013年开始政策文本发布条数较之前年份有了明显的增长。2013年共发布7份，这与2013年我国60岁及以上老年人口首次突破2亿人有关。所以我国财税政策文本发布的份数随着老龄化程度的加深逐渐增多，这表明财税政策在积极应对人口老龄化方面发挥着越来越重要的作用。2017年共发布政策文本33份，是相关政策文本发布份数最多的一年，这一年我国正式提出"医养结合"的概念，为落实"医养结合"思想提供了新举措。2019年发布政策文本30份，这一年"医养结合"概念经不断完善所形成的版本沿用至今。整体来看，我国医养结合财税政策文本发布频数与医养结合进程紧密相关，进一步反映了财税政策在促进我国医养结合养老服务体系形成过程中发挥的重要作用，财税政策文本发布年度统计情况如图

3-2所示。

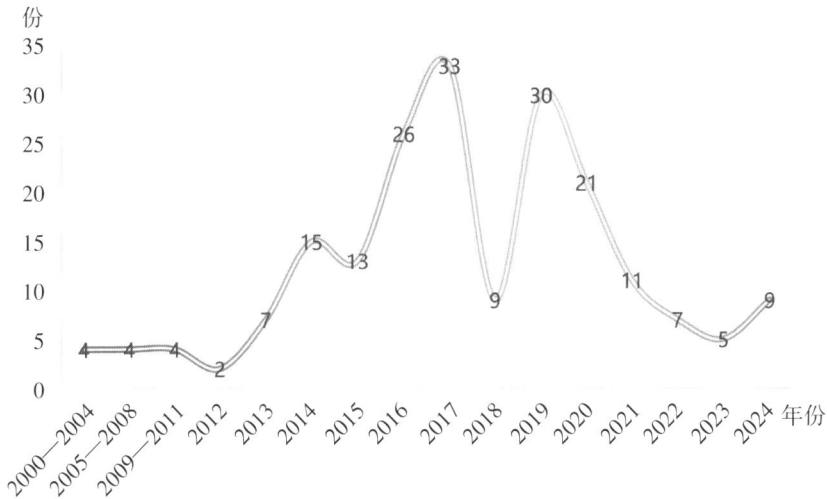

图3-2　财税政策文本发布年度统计图

（三）政策工具应用情况分析

依据选取的200份政策文本的编码，对财税政策工具应用情况进行统计分析，可得到政策工具应用情况统计表，见表3-4。

表3-4　　　　　　　　　　**财税政策工具应用情况统计表**

财税政策工具类型	编　码	数量	比例
税收优惠	1-2，3-1，6-1，7-1，8-1，9-1，10-1，11-3，12-4，13-1，13-2，13-5，14-2，15-6，17-2，19-3，19-4，20-2，30-3，36-1，39-6，45-2，49-2，49-3，52-4，53-4，54-1，54-2，58-2，59-2，60-7，63-1，67-1，69-1，70-1，78-3，81-1，83-3，87-4，88-1，88-5，90-2，92-1，92-2，96-4，100-1，100-2，103-3，104-1，104-5，111-2，112-1，114-1，114-2，115-1，119-1，122-4，127-10，128-1，128-2，128-3，134-3，138-5，170-3，175-1，177-3，178-4，183-1，184-1，184-2，185-1，185-2，186-1，189-1，191-6，193-1，199-1	77	16.28%

续表

财税政策工具类型	编码	数量	比例
政府购买	2-1，6-2，11-1，12-1，13-3，16-1，17-3，18-1，19-1，19-2，19-4，20-1，24-1，28-1，30-3，31-1，32-1，32-2，37-2，38-1，38-2，39-1，40-2，40-3，40-4，40-5，41-1，41-2，41-3，41-4，44-2，45-4，47-1，48-1，49-1，49-6，49.3，52-2，53-3，55-2，58-1，59-3，59-4，60-1，60-5，60-6，62-1，62-2，70-2，73-5，73-6，78-1，79-1，79-2，80-1，81-2，81-3，82-4，82-1，82-3，85-1，85-2，88-3，88-6，89-2，94-1，96-3，99-3，104-6，104-7，110-1，121-1，122-1，122-2，122-3，123-2，132-1，134-1，136-2，138-4，139-2，140-1，140-3，141-1，145-1，158-1，158-3，166-1，170-1，170-2，175-4，177-1，178-1，183-2，188-1，188-2，188-3，191-4，196-3，200-3	100	21.14%
财政投资	1-1，2-1，2-3，4-1，6-2，11-2，11-3，11-4，12-3，13-6，15-5，16-3，17-1，19-3，30-2，37-1，37-3，39-2，39-4，44-1，45-1，49-4，49-5，52-3，53-1，55-1，59-4，60-2，60-3，70-2，73-1，73-3，74-2，75-1，78-2，79-2，82-4，82-5，83-1，83-2，87-3，88-3，89-1，90-1，93-1，95-2，96-2，97-1，100-3，102-1，103-4，104-3，111-3，116-1，120-1，121-2，122-5，123-1，127-1，127-4，127-9，131-1，131-2，133-1，138-1，144-2，148-1，155-1，155-2，159-1，159-2，168-1，168-3，174-1，177-3，177-4，178-2，184-3，187-3，191-2，196-1，200-4	82	17.34%
财政补贴	2-2，5-1，6-3，8-2，11-1，11-2，12-4，12-5，13-4，14-1，15-1，15-2，15-3，15-4，16-2，16-3，17-4，19-4，20-2，21-1，21-2，21-3，21-4，21-6，22-1，22-2，22-3，23-1，29-1，30-3，35-1，39-3，45-3，49-3，49-5，53-2，56-1，56-2，56-3，57-1，59-1，60-4，61-1，64-1，66-1，67-2，70-3，70-4，73-4，73-5，73-6，74-1，75-2，76-3，77-3，82-5，82-6，82-7，82-2，85-3，88-1，88-2，88-4，91-3，91-4，98-1，99-1，99-2，103-1，103-2，104-2，104-4，109-1，111-1，116-2，116-3，117-1，118-1，121-3，123-3，124-1，124-2，125-1，127-2，127-3，127-5，127-6，127-8，130-1，130-2，138-2，138-3，140-2，140-3，143-2，144-3，160-1，162-1，165-1，168-2，169-2，169-3，170-3，170-4，175-2，175-3，175-4，178-3，187-2，188-4，188-5，191-3，191-5，192-1，192-2，195-1，196-2，197-1，200-4	119	25.16%

财税政策工具类型	编　码	数量	比例
非税收优惠	12-2，20-3，25-1，26-1，27-1，30-1，33-1，34-1，39-5，40-1，41-5，42-1，43-1，44-3，46-1，48-2，49-7，50-1，52-1，65-1，66-2，68-1，71-1，71-2，71-3，72-1，73-2，76-1，76-2，77-1，77-2，84-1，86-1，87-1，87-2，91-1，94-2，95-1，96-1，97-2，101-1，101-2，106-1，106-2，107-1，108-1，113-1，126-1，129-1，134-2，135-1，136-1，137-1，139-1，140-2，142-1，143-1，144-1，145-2，146-1，147-1，149-1，150-1，151-1，156-1，157-1，158-1，158-2，158-3，161-1，162-2，163-1，164-1，166-2，167-1，169-1，171-1，173-1，176-1，176-2，177-2，189-1，180-1，181-1，182-1，183-3，183-4，187-1，190-1，191-1，194-1，194-2，198-1，200-1，200-2	95	20.08%

　　从统计表中可以看出，促进我国医养结合养老服务体系发展的财税政策工具中，运用最多的为财政补贴，有119条，占比25.16%，其次为政府购买，有100条，占比21.14%，税收优惠、财政投资和非税收优惠分别占比16.28%、17.34%和20.08%。可以看出，随着医养结合养老服务体系的发展，更侧重全面布局，减少财政直接投资占比，加大财政补贴、政府购买支持力度，不断优化财政支出结构。

　　财税政策工具分为支出类和收入类，财政投资、财政补贴、政府购买均属于财政支出类政策工具，三项共有301条，占全部的63.64%；税收优惠属于财政收入类政策工具，有77条，占比16.28%。政策文本中财税政策工具类型应用情况统计如图3-3所示。

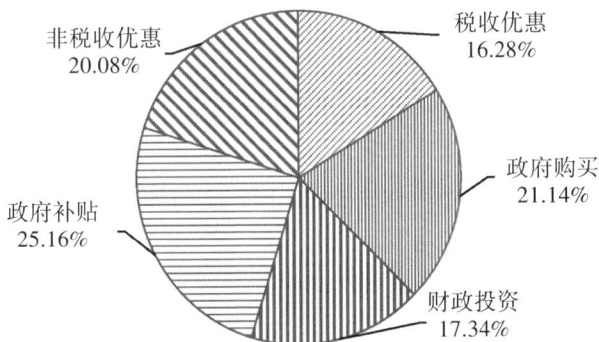

图3-3　政策文本中财税政策工具类型应用情况统计图

从对比中可以看出，在促进我国医养结合养老服务体系发展的财税政策中，侧重使用财政支出类政策工具。具体应用如下：

1.财政投资

2013—2022年，我国民政基本建设投资维持在150亿元左右，说明我国非常重视对民生基础设施的投资，稳定的民政基本建设投资水平确保了社会对其的基本需求得到满足，维持了社会的稳定性，增加了社会福祉。国家预算内基本建设支出呈现逐年下降的态势，2022年的预算内基本建设支出与2013年相比，下降了53.6亿元。一方面，说明我国在基本建设方面已取得了显著进展，大部分地区基础设施建设已经可以满足基本服务需求，导致预算内基本建设投资下降；另一方面，经过市场经济体制改革，我国鼓励民间资本参与基础设施建设，投资主体更加多元化，一定程度上降低了政府的财政压力。对养老机构的投资占比一直稳定在50%左右，说明我国对机构养老的相关政策处于长期稳定的状态，政策方向向提高现有养老机构的服务质量和管理水平转变，而不是简单地增加投资。各省之间差异较大，经济水平较高的省（自治区、直辖市）对民政基础设施建设投入较大，经济水平欠发达地区对民政基础设施建设投入较少。不同省（自治区、直辖市）的民政基础设施建设投资水平差异反映了各地经济发展水平的不同，总投入与该省（自治区、直辖市）的经济发展水平呈正相关关系。

2.财政补贴

财政补贴主要涵盖养老服务补贴、护理补贴以及针对高龄老人的补贴等多种形式。根据相关政策法规的规定，这三类补贴的资金来源主要遵循事权与支出责任相对应的原则，资金大多由地方各级政府承担，而中央政府的财政负担相对较少。地方政府筹措补贴资金的途径包括公益彩票收入、社会捐赠等多种方式，同时根据中央政府的指导原则，将资金责任具体下放至县市级政府执行。目前，大多数地区已经制定并实施了具体的补贴政策，旨在通过这种方式激励和支持机构养老服务的提供和发展，确保老年人能够获得所需的养老服务。这一系列措施不仅体现了政府对老年福利的重视，也促进了机构养老服务体系的持续完善和优化。目前，我国三大补贴制度的发展速度较快，一方面，政策的不断完善推动了其发展；另一方面，社会也越来越重视老年人的养老生活，三大补贴的水平、范围等都在逐年提高或扩大。机构养老服务水平不断提高、体系逐渐完整科学，老年人的获得感和幸福感也在不断提升。

其中，养老服务补贴在我国各省（自治区、直辖市）之间的差异较为明显，主要包括对养老机构床位建设的补贴以及日常运营的补贴，表现为不同地区由于经济发展水平不同而补贴标准各异。以天津市为例，地方政府采取了积极的财政政策，鼓励各区、乡镇政府及社会各界以多元化方式参与养老机构的建设和运营。天津市政府面向养老机构制定了科学合理的标准，根据机构的性质和建设类型，给予不同梯度的一次性补贴。具体来说，那些拥有公产产权设施、注册为事业单位并具备相应人员编制的养老机构，在顺利完成区民政局的备案并通过市民政局的评估后，将有资格获得每张床位高达 3 万元的建筑补贴。进一步，新建住宅小区内若配备超过 2 000 平方米的养老服务设施，或政府及民政部门租用房屋用于养老服务，以及公办养老机构进行改扩建，均可根据政策获得每张床位 1.2 万元的建筑补贴。对于由企业、社会组织或个人等社会力量创办的非营利性养老机构，若机构法人与房产所有者为同一人，并通过了备案与评估流程，将可享受每张床位 1.5 万元的建设补贴。同样，租期超过 5 年的非营利性养老机构，完成备案和评估后，也能够获得每张床位 0.6 万元的建设补贴。这一系列的补贴政策反映了地方政府对养老服务领域的大力支持和鼓励，目的是吸引更多的社会资本投入到养老服务业中，以改善服务水平，满足老年人对养老服务日益增长的需求。

护理补贴以机构养老收纳的失能和半失能老人来衡量，给予护理补贴和专业人员服务补贴。以海口市为例，该市政府颁布了《关于做好海口市经济困难老年人养老服务补贴和照料护理补贴发放工作的通知》，明确规定了对经济困难老年人的护理补贴标准设定为每人每月 60 元。该通知还强调，随着海口市经济社会发展以及财政状况的变化，这一补贴标准会进行适时的调整，确保补贴能够有效地支持受益者的基本需求。此外，该补贴采取按月发放的方式，以便于受益者能够持续获得支持。在养老服务人员方面，上海市推出了针对养老护理员技能培训和评价的新政策，旨在通过提供培训补贴来激励更多劳动者参与到养老护理服务领域中来。根据这一政策，所有劳动者都有机会参加专业培训并进行技能等级认定，可获得最高达 3 560 元的培训补贴。补贴的发放依据是参训者所获得的专业技能证书，根据获得的护理技能等级，补贴额度分别设定为每月 300 元、200

元和120元不等，旨在通过激励来鼓励更多专业人员加入养老服务行业，从而提升整体服务质量和效率。

高龄补贴资金向更为精细的方向发展，旨在提高高龄补贴的质量和水平。海南省高龄长寿老人补贴智能审批系统于2022年1月上线试运行，拥有海南省户籍并且年满80岁的老年人可使用手机办理相关业务。为了提升养老服务的整体质量，相关部门推出了"高龄长寿老人补贴"的快速办理服务。这项服务利用综合性政务平台的优势，采用"四减一优"策略，即减少所需材料、缩短办理时限、简化办理环节、减少申请人往返奔波，并优化整体服务体验。通过这种方式，申办流程大为简化，实现了在无须人工干预的情况下自动完成审批过程，大幅降低了公众尤其是老年群体办理此类补贴的时间和精力成本。自助服务自2022年11月在海南省全面推行以来，其便利性和效率性得到了显著提升，极大地优化了老年人的服务申办体验。截至2022年12月上旬，该服务的办理数量已经超过21万件，充分证明了其广泛的应用效果和显著的社会效应。这不仅展示了政府在提高养老服务质量方面的积极努力，也反映了科技创新和服务流程优化，有效提升了养老公共服务的可获得性和便利性。

3.政府购买

当前政府购买养老服务的政策主要有倡导推广类、规范指导类、探索创新类、指南手册类。《关于鼓励民间资本参与养老服务业发展的实施意见》是倡导推广类政策的代表，其旨在推广政府购买养老服务，这类政策多为宣传性质，对主体间的权利与义务未作出明确具体的规定。规范指导类政策通常具有较强的指导性，比如在《关于推进医疗卫生与养老服务相结合的指导意见》中比较系统地规定了养老机构开展医疗服务、社会力量兴办医养结合养老机构、医疗卫生服务延伸至社区家庭等多个方面的内容。探索创新类政策是指中央与地方政府为提高购买养老服务质效，而探索的诸多创新举措，比如建立了"公办民营""民办公助""公补民用""以奖代补"等多种运作方式，开发了凭单制、服务券等多种购买工具，有的地区还大力推行PPP项目来推动养老服务事业发展。指南手册类包含中央各部委和各省市结合自身情况所编制的涉及政府购买养老服务的各类工作目录、清单、指南、手册等，如江西省先后制定的养老服务扶持政策措施清单、投资指南、项目筹建指南等政策文件。

4.税收优惠

通过对养老机构、老年服务机构、社区服务机构等直接提供养老服务的部门的税收优惠政策进行归纳整理，发现对于与养老服务直接相关的行业，主要采取的是免征和减征两种优惠方式，免征占比大；各方面税种都有涉及，从出台的税收优惠政策数量来看，企业所得税占比最大，其次是增值税和房产税。这主要是因为这些单位与养老服务业发展相关性强，税收优惠政策能直接作用于养老服务提供者，对养老服务业整体发展能产生更积极的影响，行业直接相关的税收优惠政策见表3-5。

表3-5　　　　　　　　　行业直接相关的税收优惠政策

税种	优惠项目	单位类型	优惠方式	环节
增值税	养老机构提供的养老服务	养老机构	免征	运营环节
	提供社区养老、托育、家政服务取得的收入	社区服务机构	免征	
	养老机构在资产重组过程中发生的不动产、土地使用权转让行为	养老机构	免征	资产处置环节
	福利性、非营利性的老年服务机构的收入	福利性、非营利性的老年服务机构	免征	
	非营利性养老机构取得的收入	非营利性养老机构	免征	
企业所得税	民办福利性、非营利性养老机构取得的收入	民办福利性、非营利性养老机构	免征	运营环节
	提供社区养老、托育、家政服务取得的收入	社区服务机构	减按90%计入收入总额	

续表

税种	优惠项目	单位类型	优惠方式	环节
企业所得税	一年期以上人身保险产品（人寿保险、养老年金保险、健康保险）的保费收入	保险公司	免征	运营环节
	符合小微企业条件的机构所取得的养老服务收入	其他老年服务机构	减征	
耕地占用税	养老院占用的耕地	养老院	免征	建设环节
契税	承租房屋、土地用于提供社区养老、托育、家政服务	社区服务机构	免征	运营环节
	非营利性养老机构自用房产	非营利性养老机构	免征	
	养老服务机构的自用房产	养老服务机构	免征	
房产税	为社区提供养老、托育、家政等服务的机构自有或其通过承租、无偿使用等方式取得并用于提供社区养老、托育、家政服务的房产	社区服务机构	免征	运营环节
	非营利性养老机构自用土地	非营利性养老机构	免征	

续表

税种	优惠项目	单位类型	优惠方式	环节
城镇土地使用税	为社区提供养老、托育、家政等服务的机构自有或其通过承租、无偿使用等方式取得并用于提供社区养老、托育、家政服务的土地。另外，境外资本举办养老机构享有同等的税收优惠待遇	社区服务机构	免征	运营环节

　　通过对相关政策文件进行归纳整理发现，针对福利基金会、公益慈善机构、社会福利单位等与养老服务间接相关的行业出台的税收优惠政策主要是免征和税前扣除两种方式，相关税种主要涉及所得、捐赠、社会保障等环节，即资产处置环节。从出台的税收优惠政策数量上看，个人所得税占比最大，其次是企业所得税，因此针对所得税实行的优惠政策占据了主导地位。但是企业所得税和个人所得税等享有税前扣除优惠的需要具备一定条件，这体现了税收优惠政策的特定性与严谨性，保障了税收激励政策的有效性。行业间接相关的税收优惠政策见表3-6。

表3-6　　　　　　　　　　行业间接相关的税收优惠政策

税种	优惠项目	单位类型	优惠方式
企业所得税	企事业单位、社会团体和个体通过非营利性的社会团体和政府部门向福利性、非营利性的老年服务机构的捐赠	福利性、非营利性的老年服务机构	税前全额扣除
	向中国老龄事业发展基金会等8家单位的捐赠	各基金会	税前全额扣除
	企事业单位、社会团体和个体按照规定向非营利性养老机构的捐赠	非营利性养老机构	税前按税法规定比例扣除

续表

税种	优惠项目	单位类型	优惠方式
企业所得税	企业通过公益性社会组织或者县级以上人民政府及其部门，用于符合法律规定的慈善活动、公益事业的捐赠	慈善活动、公益事业	不超过年度利润总额的12%的部分准予扣除
印花税	财产所有人将财产赠给社会福利单位所立书据	社会福利单位	免征
房产税	非营利性养老机构自用房产	非营利性养老机构	免征
	养老服务机构自用房产	养老服务机构	免征
个人所得税	个人按照规定向非营利性养老机构的捐赠	非营利性养老机构	税前按税法规定比例扣除
	个人通过非营利性的社会团体和政府部门向福利性、非营利性的老年服务机构的捐赠	福利性、非营利性的老年服务机构	税前全额扣除
	向中国老龄事业发展基金会等8家单位的捐赠	各基金会	税前全额扣除
	个人将其所得通过中国境内的公益性社会组织、国家机关向教育、扶贫、济困等公益慈善事业的捐赠	公益慈善事业	不超过应纳税所得额30%的部分准予扣除
	退休人员养老金，以及退休金、离休工资等	个人	免征

（四）财税政策工具应用目的分析

财税政策工具在医养结合养老服务体系发展过程的前期、中期以及后期均有所体现。总数上看，在后期完善运营环节，财税政策工具应用总量最多，有216条，占所有政策条款的45.67%；紧随其后的是中期人才建设环节，有199条，占比42.07%；在前期合作筹资环节，财税政策仅有58条，占比12.26%。财税政策工具应用目的分析表见表3-7。

在不同环节，财税政策工具应用侧重点也有所不同。

表3-7　　　　　　　　　　财税政策工具应用目的分析表

项　目	税收优惠	政府购买	财政投资	财政补贴	非税收优惠	总计
前期合作筹集资金	15	19	18	3	3	58
中期人才建设求发展	12	19	41	66	61	199
后期完善运营促消费	50	62	23	50	31	216

　　首先，在前期引导社会资本合作筹集资金期间，应用最多的工具是政府购买，这是因为政府购买为医养结合养老项目提供一定的资金支持，引导服务方向，从而激发市场活力，二者是协同发展的关系，实现政府引导和市场运作的有机结合。

　　其次，在中期设施建设及人才发展期间，应用最多的财税政策工具是财政补贴，有66条，相较于前期合作筹集资金阶段总计增加了63条。在此阶段的财政补贴主要包含建设补贴、人才培训补贴、人才引进补贴以及服务补贴等。体系建设阶段需要大量的资金支持，所以此阶段财政补贴增长幅度较大、应用频率较高。同时，非税收优惠在此环节的应用有61条，排名第二，相较于前期增加了58条，这主要是由于中期医养结合养老项目的发展得益于土地、金融、人才和保障政策等方面的支持，这些非税收优惠的支持政策为医养结合养老项目中期发展创造了有利的条件。

　　最后，在后期完善运营与促进消费期间，应用最多的政策工具是政府购买，总计有62条，之后是税收优惠和财政补贴，各有50条。政府购买应用最多，是因为政策文本中多次提到将医养结合养老服务纳入政府购买服务指导性目录，从而减轻医养结合养老机构的运营压力，提升项目的硬件水平，满足老年人多样化的需求。通过加大政府购买力度，能够促进医养结合养老服务消费。税收优惠主要通过各个税种作用于医养结合养老服务后期运营阶段，增值税、企业所得税、车船税、契税、房产税、城镇土地使用税等均有涉及。财政补贴通过对入住机构的老年人给予定额补贴使他们更有意愿选择医养结合养老服务机构，从而促进消费。在后期完善运营与促进消费环节，财税政策工具的使用频率较为均衡，各类政策工具与前两个阶段使用频率的差距相对较小，说明在后期政府更加注重医养结合养老项目财税政策工具应用结构的优化。

第二节　钻石模型视域下医养结合养老服务业发展现状分析

将医疗和养老双要素的服务作为商品进行交换构成了医养结合养老服务业，作为某一产业发展状况的战略分析工具，波特钻石模型是一种着眼于从顶层设计出发解决实际问题的研究方法。生产要素、需求条件、相关支撑产业以及企业的战略、结构和竞争，构成了钻石模型的基本要素，政府支持和机遇则是两项动态要素。本部分从波特钻石模型的4项基本要素和2项动态要素方面对医养结合养老服务业现状展开分析，[①]对应主要因素划分多个次级要素，具体划分见表3-8。

表3-8　　　　　　　　　　波特钻石模型要素表

主要要素	次级要素
生产要素	人力资源、资本资源、知识资源、基础设施
需求条件	医养结合养老服务需求
相关支撑产业	养老产业、医疗产业、医药制造业
企业战略、结构和竞争	传统养老方式、医养结合新型养老方式
政府支持	政府政策、政府监督管理
机遇	时代背景、老龄化现状、人口红利

一、生产要素分析

医养结合养老服务所需要的生产要素主要有四个，分别是人力资源、资本资源、知识资源以及基础设施。其中，人力资源要素是指养老护理人员、医护人员的数量和质量；资本资源要素是指政府及社会资本对医养结合养老项目的投入；知识资源要素是指涉及医养结合新型养老

---

① 王召青，邢亚男，曲婧，等. 基于钻石模型理论的医养结合型养老服务供给侧改革研究［J］. 中国全科医学，2018，21（34）：4201-4205.

项目的学术及实践的研究；基础设施要素是指基层机构的床位数及医疗设备等。

（一）人力资源

医养结合养老服务所需要的护理员是指能够提供生活照料、精神慰藉、康复护理、心理护理等一系列服务的专业护理人才。

首先，人口老龄化程度的加深催生了对医养结合养老护理员的庞大需求，劳动力市场势必会成为影响医养结合养老服务供给的中坚力量。《2023中国民政统计年鉴》显示，截至2022年年底，全国养老机构照护职工总数为134万人，养老床位数合计829.4万张，年末在院老人总数217.9万人，老人与照护人员的比例为1∶1.63，床护比仅有1∶6.19。由此数据可见，医养结合养老护理员缺口巨大，其他的专业人员如专科护理、老年心理学、法律咨询、社会工作更是难以满足老年人的多元化需要。要推动养老服务事业发展，就必须重视人才队伍的培养与建设。专业的人才队伍对于养老机构的生存和发展至关重要，养老护理人员的素质是确保养老机构正常运行和入住老人得到高质量护理服务的重要因素。

其次，现有养老机构中年龄处于46岁以上的工作人员占全部职工总数的56%以上，工作人员年龄相对偏高，已逐渐不能满足医养结合养老服务业所需要的专业人员必备的过硬身体素质。此外，大学专科以上学历的职工占比67%，学历水平普遍偏低，从而导致医养护理专业知识匮乏。调查统计显示，我国养老机构护理人员中，获得职业资格的工作人员仅有15 053人，大多数工作者仅仅接受简单培训便直接上岗。[①]可见，医养结合护理人员从质量和数量上均不能满足老年人日益多样化的养老服务需求。从相关专业大学生的就业状况来看，只有很少一部分人选择了与本专业相关的工作。受传统思想的影响，人们对养老服务业的了解和认识还很少，员工大多没有受到过专门的训练，而养老服务工作具有劳动强度大、薪酬待遇偏低等特点，尤其对于中、低档养老机构来说，它们对护理员自身的要求比较高，这往往超出了护理员的能力范围。这些原因使得该行业的从业人员流动性较大，人才流失现象严重，专业护理员的数量供不应

---

① 人力资源和社会保障部信息中心. 养老服务人才状况调查报告［EB/OL］.（2024-05-08）［2025-03-20］. https://www.hrssit.cn/info/3244.html.

求，多数养老机构面临招聘困难和员工流失两大问题。

（二）资本资源

土地和资金是医养结合养老服务业实现健康可持续发展的两个主要资本资源要素。当前我国筹集资金的主要方式是政府购买、政府投资以及税收优惠。2022年年底，用于养老的彩票公益金支出19.9亿元，主要体现在新建、扩建护理型养老机构，并给予运营床位补贴等方面。用于养老的中央预算内基本建设投资65.3亿元。政府的大规模投资加上各种社会力量的积极参与使得医养结合养老服务业的规模不断扩大，推动医养结合养老服务业的多元化发展。同时，非营利性养老机构按规定享受房产税、城镇土地使用税等优惠政策，降低了医养结合养老服务机构的运营成本，使得更多资本资源向拓展服务范围和提升服务质量两方面倾斜。

根据财政部政府和社会资本合作中心公布的数据，截至2023年1月，PPP项目总数为10 338个，其中养老服务业PPP项目96个，占项目总数的0.93%。从运作模式方面看，在项目库中已有的96个养老服务PPP项目中，采取BOT模式和BOO模式运作的项目各占项目总数的1/3，这两种运作模式最为常见。在回报机制方面，以可行性缺口补助作为回报机制的项目占项目总数的比例接近50%，以使用者付费作为回报机制的项目占项目总数的比例也接近50%，而以政府付费作为回报机制的项目只占项目总数的1%，这是由养老服务行业的特殊性所决定的。相比其他公共基础设施项目，养老服务业的消费群体比较多样化，当面临高端老年消费群体时，养老服务业PPP项目的盈利能力会显著增强，此时该项目以使用者付费作为回报机制就能够保证项目的顺利实施和平稳运营。

从项目存在的风险上看，养老服务业PPP模式在运营过程中会面临诸多风险，其风险类型主要可以分为投资主体风险、投资对象风险、第三方风险和不可控风险。由于政府与社会资本是投资养老服务业PPP项目的主体，两者之间"利益共享、风险共担"，因此在项目运营过程中，双方共同承担风险与责任。投资主体风险主要包括在投资时可能会面临的法律风险、在签订合同时可能会面临的合同风险、在筹资过程中可能会面临的投融资风险等。投资对象风险是PPP项目在项目运营和管理过程中所面临的各种风险。第三方风险是指第三方咨询机构为PPP项目提供服务时，由于内控和管理机制等原因，为PPP项目带来的风险。不可控风险主要有社会环境风险和经济环境风险。

（三）知识资源

知识资源主要是指学术界对医养结合养老服务理论和实践的研究成果。通过检索中国知网上关于"医养结合"的中文核心及以上级别期刊论文发现：

第一，从发文量的角度来看，随着老龄化进程的不断加深，发文数量呈稳步增长的趋势，表明医养结合养老模式在国家政策与社会养老实践层面均具有关键地位，对我国不断加剧的人口老龄化问题作出了积极响应。这一趋势反映了决策层与学术界对医养结合养老模式的广泛关注，也凸显了其在应对人口老龄化挑战中的重要性，不仅促进了相关研究的深入，也为政策制定提供了有力支持。

第二，医养结合养老的研究热点较为突出，系统分析养老服务业财政政策的文献还不够多，比较零散，政府出台的规划文件讲得比较粗略，并且看不到实施过后的综合效果以及改进的措施。财政政策作为经济调节的重要方式，应当更具体地加以分析与阐述。光从文化及社会视角来讲如何关心、关爱老年人并不够，应当从经济视角特别是财政视角去研究与剖析，从专业出发进行理论研究，将研究成果运用到现实养老服务业发展过程中，从有形的财政政策入手，去解决其背后的道德伦理、政府责任担当等问题。

第三，医养结合领域的研究仍处于发展阶段，但相关研究开始向纵深发展，近几年研究关注的重点集中在社区养老、智慧养老等方面。可将智慧养老模式，如嵌入式养老与医养结合养老模式相融合，运用多元视角与研究方法对其进行深入分析并逐渐扩展到更多创新性与前瞻性的主题。随着"互联网+科技"的发展，各种智能设备可满足老年人生理与安全上的需求，为失能老人提供了极大的方便。

养老服务业作为服务业的一部分，政府财政政策的介入在许多资料中说得十分模糊或仅作为一小部分阐述。养老服务业今后的发展将会越来越重要，因而如何构建一个强大的养老服务体系是一个需要逐步完善和创新的过程。在经济下行的现状下，诸多文献并没有特别强调经济增长与养老服务业的特殊关系，养老服务业不同于其他行业，行业中既有产能过剩的制造业，也有发展迅猛的服务业，养老服务业的发展效果定位与结果表述语焉不详，缺乏实证分析，这是尚需结合现实发展情况来深刻研究的。养老服务业与经济发展的关系必须有清晰的定位，需要采取科学有效的措施来帮助其发展。从长远的发展视角与民生角度来看，促进养老服务业发展的财政政策研究很有现实性和时代性，这是我国经济发展中必须面对与解决的现实问题，通过充分研究，特别是财政政策的运用实施可以对现有文献进行有效的补充。

（四）基础设施

基础设施要素主要是指养老机构床位数、养老机构数量、日间照料中心等最基础的设施设备情况。截至2022年年底，全国共有养老床位829.4万张，年增长率1.7%，每千名老年人拥有养老床位29.6张；养老机构40 587个，全托服务社区养老服务机构和设施14 781个，日间照料社区养老服务机构和设施131 785个，互助型社区养老服务设施153 048个。可以看出，随着人口老龄化程度的加深，近年来我国大力发展养老事业，养老机构规模逐渐扩大，基本设施逐渐完善，配套设施相对齐全。从基层卫生机构来看，2023年基层卫生医疗机构共1 016 238个，其中社区医疗服务中心37 177个，共有1 017.37万张床位，可见我国基层卫生医疗设施服务体系逐步完善，医疗服务能力明显提升，部分地区仍存在基层医疗卫生和养老资源有待进一步整合的情况，但总体仍处于向好趋势。

根据民政部发布的2013—2022年全国各类养老机构和设施数量的数据，绘制养老机构和设施数量及其增长率的柱状图，如图3-4所示。

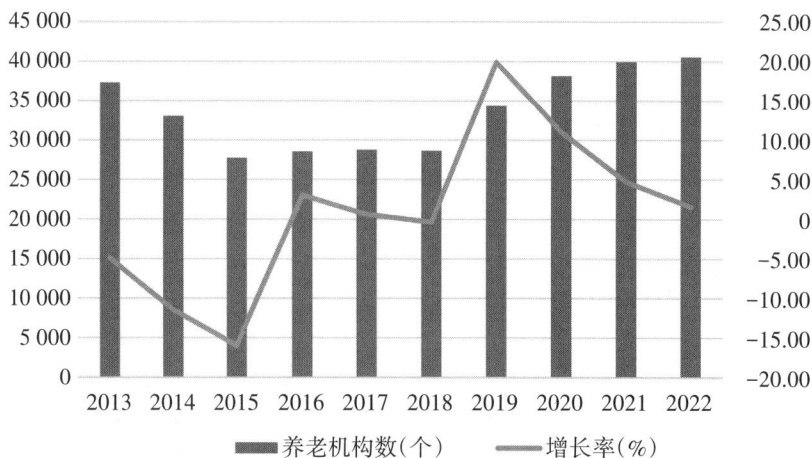

图3-4 2013—2022年全国各类养老机构和设施数量及其增长率

从图3-4来看，全国各类养老机构和设施数量呈现逐年上升的趋势。2013—2015年，各类养老机构总量较少，自2018年开始，养老机构数量大幅上升，进入高速建设期。从增长速度来看，2019年和2020年是增长率大幅上升的两个关键时间节点。2019年，增长速度达到巅峰，高达19.87%，这是因为国家越来越重视养老产业的发展，养老机构数量也随之增加。2020年出现第二个增长小高峰，因为2020年是"十三五"收官之年，民政部门为提升建设成效，加大养老机构的建设力度，且效果明显。2021年，受疫情影响，增速出现下降。

根据民政部发布的2022年各省（自治区、直辖市）的养老机构数量，绘制图3-5。截至2022年，全国登记注册的养老机构共有40 587个，从图3-5中可以看出，养老机构数量排名前五的省份为河南省、安徽省、四川省、江苏省和山东省，南方省份居多，可见南方地区的养老服务机构发展建设得比较好。而养老机构数量最少的5个省（自治区）分别为西藏、海南、青海、宁夏和甘肃，主要集中在西部地区。因此，养老机构发展与当地经济有很大关系，经济不太发达的西部地区和边缘地区，其养老机构建设与经济发达的南方和东部地区相比还比较落后。

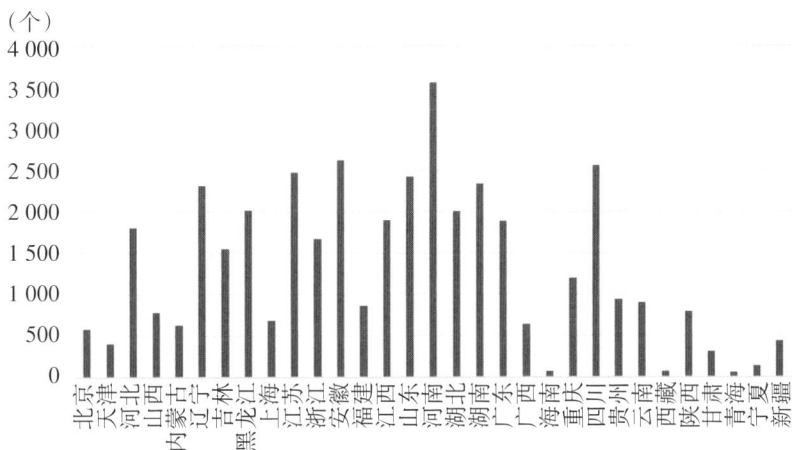

图3-5　2022年各省（自治区、直辖市）养老机构数量统计图

根据民政部发布的2013—2022年全国养老机构床位数的数据，绘制图3-6。从图3-6中可以看出，除了2015年和2018年床位数略低于前一年外，其余年份床位数均呈不同幅度的增长趋势。从历年的增长速度来看，2014年以5.49%的增长速度，床位数快速增加到390万张。2015年增速急

剧下降，为-8.22%，2016年床位数的增速回升。从整体来看，养老机构床位数的总量在上升，但增长速度却呈升中有降的趋势。

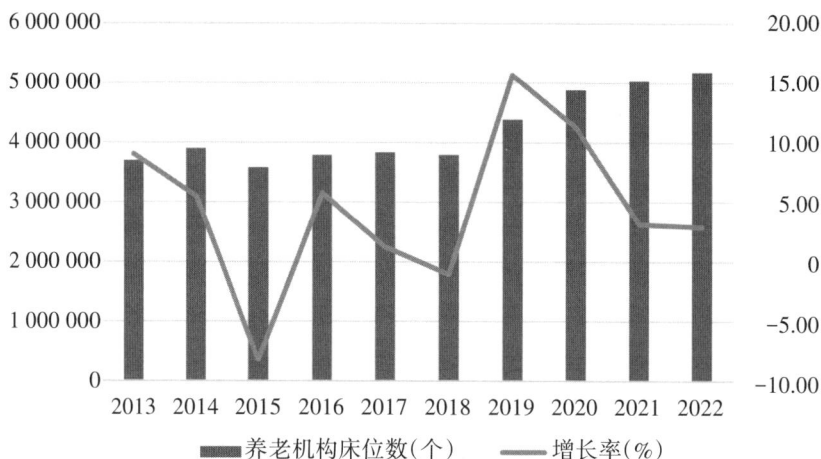

图3-6　2013—2022年全国各类养老机构床位数及其增长率

　　根据民政部公布的2022年各省（自治区、直辖市）养老机构床位数的数据，绘制图3-7。从图3-7中可以看出，江苏省、河南省、山东省的养老机构床位数位于前三位，远超其他省（自治区、直辖市）。结合养老机构数量来比较，以河南省和江苏省为例，河南省的养老机构数量比江苏省的数量多，但床位数却比江苏省少，表明该省份每个养老机构平均拥有的床位数较少，即养老机构规模较小。东北三省的养老机构床位数都较少，且分布平均。一些西部地区，如西藏、甘肃、青海、宁夏、新疆这5个省（自治区），以及海南省，养老床位数少，这些地区都是我国经济欠发达的地区。经济欠发达地区通常经济基础薄弱，财政收支缺口较大，导致可用于养老服务机构的资金有限。此外，由于养老服务行业的回报周期长、风险高，资本投入意愿较低，进一步加剧了资金短缺的问题，因此经济欠发达的地区养老服务机构发展和投资建设比较缓慢。

二、需求条件分析

　　一般来说，身体状况不佳的老年人对养老机构的需求较高。虽然老年人口数量的增加是评估养老机构需求增长的基点，但并非所有老年人都有入住养老机构的需求，特别是年龄在65~74岁的老年人，他们的身体普遍

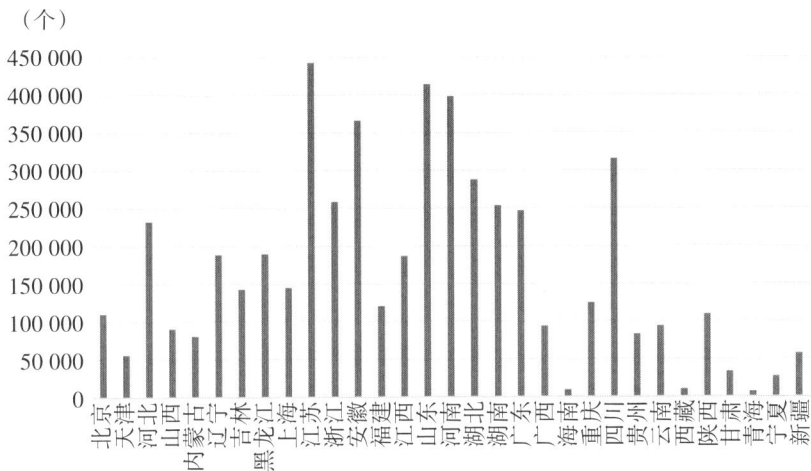

图3-7　2022年各省（自治区、直辖市）养老机构床位数统计图

来说处于可以自理且能独立生活的状态，可以在没有帮助的情况下完成日常生活活动。尽管很多老人有慢性病，但是他们中的大部分人不用完全依靠别人照顾。还有一些老年人更习惯由子女照护自己。因此，一些身体状况不佳、不能完成独立行为的老年人日常生活需要照顾，对养老机构的需求更高。

　　另外，家庭照护困难的老年人对养老机构的需求更高。在现代社会，家庭成员之间的关系更加独立，父母与子女分开生活很常见。子女因学习、工作等原因离开父母异地居住，地理空间距离拉大，在一定程度上弱化了家庭养老的作用，很多高龄老人得不到家人的照顾。中国的低生育率和推迟初婚年龄进一步拉大了父母和孩子之间的年龄差距，再加上年轻一代更容易探索新鲜事物，观念想法与时俱进，与老年人的传统思想之间容易产生分歧，也会加大代沟，这些代沟和差异会直接影响家庭养老和照护的质量。同时，生育率降低使得更多的女性有机会参加社会工作。有研究表明，老年人的照料工作大部分是由家庭中的女性成员来承担，因此女性就业参与率变高会削弱家庭对老年人的照护。生育率下降和人口平均寿命延长导致我国的家庭结构也发生了很大的变化，两代家庭成为最常见的家庭形态，这意味着越来越多的老年人并不与子女住在一起，空巢家庭的数量正在明显增多，老年人独居趋势十分显著，需要照料的群体数量非常庞大。①

　　①　刘红. 中国机构养老需求与供给分析［J］. 人口与经济，2009，175（4）：59-64；71.

北京大学一项人口学研究显示，失能老人将经历平均7.44年的失能期，可见医养结合养老服务市场需求巨大。因此，本书基于马斯洛需求层次理论对养老服务需求展开分析。

（一）数据来源

本书使用的数据来源于中国老龄协会发布的《第五次中国城乡老年人生活状况抽样调查基本数据公报》，调查对象为全国31个省（自治区、直辖市）及新疆生产建设兵团的60岁及以上的中国居民。采用多阶段PPS抽样方法，进行区（县）抽样—村（居）委会抽样—老年人个体抽样，总抽样比约为0.5‰，调查设计样本总量规模12.76万人。

（二）数据样本特征

从年龄结构方面看，80岁及以上老年人占比13.4%，70~79岁老年人占比30.4%，60~69岁老年人占比56.2%。调查样本中城镇老年人占比高于农村老年人；男性多于女性；文化程度为小学及以下的占61.0%，文化程度普遍偏低。从健康医疗状况方面看，自评健康状况为非常好和比较好的占42.7%，一般的占40.9%，比较差和非常差的占16.4%。从婚姻状况方面看，已婚的占74.7%。从家庭方面看，有子女的占多数，占比高达98%，农村老年人平均子女个数多于城镇老年人平均子女个数。从居住安排方面看，老年人与配偶居住或者与子女共住的较多，但是也有14.2%的老年人独居。从经济状况方面看，61.2%的老年人基本够用，比较宽裕的占比18.7%，非常宽裕的占比3.5%。

（三）老年人医养结合服务需求分析

关于老年人是否有"医养结合养老服务需求"的调查中，愿意选择养老机构养老的老年人占比7.7%，选择医养结合养老方式的老年人占比4.9%，大多数老年人更倾向于选择居家养老，占比87.3%。其中倾向于选择医疗护理人员和养老护理人员进行照料的老年人占比3.4%，愿意让子女进行照料的占比47.6%，倾向于选择配偶进行照料的占比45.5%。老年人养老方式及照料人员意愿选择情况如图3-8所示。

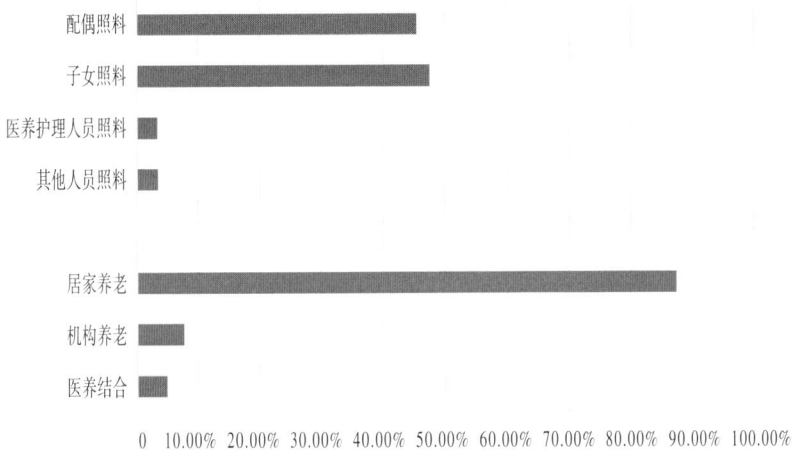

图3-8 老年人养老方式及照料人员意愿选择占比情况

　　根据老年人在医疗和养老方面的具体需求情况分析：有29.1%的老年人希望有上门看病服务，22.10%的老年人需要助餐服务，22.10%的老年人需要文化娱乐服务，可见老年人仍选择以比较传统的居家养老为主、上门医疗为辅的养老方式。对助餐服务有需求的老年人占比相对较高，进一步说明了老年人健康状况所带来的养老的不确定性，潜在的护理需求便涵盖了医疗护理服务、临终关怀等。根据全国老龄办发布的数据，我国空巢老年人的数量已超过2亿人，随着空巢老人数量的急剧增加，文化娱乐服务已成为老年人的另一个比较大的需求。老年人医疗养老服务需求情况如图3-9所示。

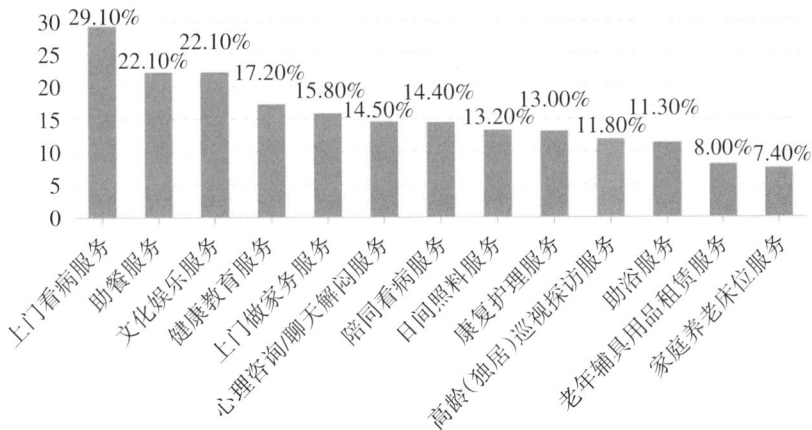

图3-9 老年人医疗养老服务需求情况

三、相关支撑产业分析

医养结合养老服务业的两大主要支撑产业为养老产业和医疗产业。我国于1999年步入老龄化社会的行列，时间相对较早，随着养老产业不断发展完善，养老机构的数量也逐年增多，并且逐渐发展多元化的养老模式。相对于养老产业，医疗产业的发展对于医养结合养老体系的形成也至为关键，医疗服务是指为了保障生命健康而提供的服务。随着医疗产业的发展，全国共有医药制造业9 240个，其服务范围也从局限于对疾病的治疗拓展到对老年人慢性病治疗、康复、护理等更为广泛的领域。医疗服务水平直接影响医养结合养老服务体系的发展。

首先，目前我国的大部分养老机构为了成本控制和运营风险问题主要以接收自理型老年人为主，而对于失能老人则不是很愿意接收，因此导致我国的养老市场出现了严重的供需问题。[①]根据中国老龄科学研究中心发布的《全国城乡失能老人状况研究》，将近一半的养老机构只愿意接收自理型老人入住，而面对失能老人大多都比较慎重，民办机构更是如此。此外，失能老人中重度和完全失能老人平时需要护理人员做大量的工作，工作内容较为烦琐，且容易因失误而产生意外，因此普通养老机构更加不愿接收失能老人。将最需要机构养老的失能老人群体排除在外，进一步加剧了社会问题的严重性。[②]

其次，2022年1—8月，全国医疗卫生机构总诊疗量为43.0亿人次（不包含诊所、医务室、村卫生室数据），同比增长0.2%。医院总诊疗量为26.7亿人次，同比下降1.4%，其中：公立医院22.4亿人次，同比下降2.3%；民营医院4.3亿人次，同比增长3.9%。基层医疗卫生机构总诊疗人次14.1亿（不包含诊所、医务室、村卫生室数据），同比增长3.2%，其中：社区卫生服务中心（站）4.9亿人次，同比下降3.1%；乡镇卫生院7.7亿人次，同比增长6.4%。2022年1—8月，医院病床使用率为74.1%，同比减少1.7%；社区卫生服务中心为44.0%，同比减少0.1%；乡镇卫生院

---

① 史俊. 基于老年人健康差异下的养老院建筑设计研究［D］. 苏州：苏州科技大学，2016.

② 吴玉韶，王莉莉，等. 中国养老机构发展研究报告［M］. 北京：华龄出版社，2015.

为50.3%，同比减少0.6%。三级医院平均住院日为8.3日，比上年同期减少0.4日，二级医院平均住院日为9.1日，比上年同期增加0.1日。《国家卫生健康委办公厅关于2021年度全国二级医疗机构绩效考核国家监测分析情况的通报》显示，全国共有5 456家二级医院参与该年"国考"，基本覆盖全国所有二级医疗机构。监测结果显示，2021年度二级医疗机构整体能力虽稳步增强，但部分二级医疗机构仍存在内部管理能力不足的情况。具体来看，在能耗支出方面，2021年全国二级医疗机构万元收入能耗支出为126.89元，较2020年有所上升，且明显高于三级医疗机构万元收入能耗支出（90.53元），部分二级医疗机构的万元能耗占比多年来一直位于相对较高的水平。

此外，在运营管理方面，在二级医疗机构总体运行平稳的背景下，仍有43.87%的医院出现了亏损情况。分区域来看，北方地区二级医院"收不抵支"情况更甚。西北、东北地区二级医疗机构的医疗盈余率明显低于其他地区，且区域内医疗盈余为负的二级医疗机构比例相对较高。

最后，基层医疗机构顺利开展医养结合服务需要医保制度的支撑。目前，一方面大部分享受基层医疗卫生机构医养结合服务的老年人无法对其服务费用进行医保报销，造成部分有实际需求的失能、半失能老年人长期面临医疗费用高的窘境；另一方面，又有小部分本应出院的老人采取"办理住院"的形式，将本应个人承担的费用转移到医保资金上，甚至出现骗取医保资金的现象。这种现象不利于发挥医保制度的体制优越性，降低了医保资金的使用公平性。医养结合的受益人群和服务对象多为失能、半失能的慢性病高龄老年群体，医疗机构提供的服务有着差异性和不同个体的独特性，因此医护人员难以对所提供的服务进行细化定价并制定条款鲜明的收费标准，按传统的服务项目收费可能会诱导医护服务的过度提供和利用，目前仍没有相关政策文件对医养结合服务的医保支付进行明确的规定，医养结合支付体系尚待完善。医养结合产业的目的究其根源是满足人们对医疗和养老的多样化及个性化需求。医疗服务水平的提升及支付体系的完善有助于推动医养结合养老服务供给质量的提高，从而推动整个医养结合养老服务业的发展。

四、企业战略、结构和竞争分析

养老服务模式主要有家庭养老、机构养老、社区养老，由于传统思想的影响，家庭养老模式被广大老年人所接受，这也是医养结合养老服务机构养老模式最大的竞争对手。但是，随着家庭结构的变迁，以"4个老人–2个成年人–1个孩子"为代表的"4-2-1"家庭结构成为当今社会的主流形态，传统家庭养老已不再适应社会的发展。截至2024年年底，我国已有超过2亿老年人成为空巢老人，老年人日常照料和护理工作无子女承担，"空巢化"现象已十分普遍。《第五次中国城乡老年人生活状况抽样调查基本数据公报》显示，有高达39.3%的老年人不愿意和子女生活在一起，其中自评健康状况为一般及以下的老年人占比57.3%，几乎100%的老年人帮子女承担家务劳动。在此种情况下，家庭照料难以维持老年人日益增加的养老服务需求，现实情况为我国医养结合养老服务体系的发展创造了良好条件。

在机构养老层面，随着政策推动，我国公办养老机构不断加大投入与资源整合力度，提升服务质量，注重人才培养与管理，从而取得了一定的成效；但也面临普惠养老供给不足、养老服务综合创新能力不足、资源分配不公等挑战。相对于公办养老机构而言，民办养老机构数量多，但存在收费标准高、服务水平参差不齐等问题。据《北京市养老机构行业发展报告》统计，截至2024年6月30日，北京市养老机构月平均收取总费用6 611元。而2021年的调查数据显示，能承受养老机构费用在3 000元以上的老年人仅占15.8%，46.1%的老年人能承受的养老机构费用在1 000元以下，高额的养老费用远远超过老年人愿意支付的水平。

相比于居家养老和机构养老方式，医养结合养老服务体系更能满足老年人多元化的养老服务需求。医养结合养老服务可以通过与家庭医生捆绑以达到居家养老的补充效果，家庭医生上门评估老年人的身体状况，提供一站式照料服务。截至目前，全国已组建超过42万个家庭医生团队，为签约居民，特别是慢性病患者、老年人等重点人群提供医疗卫生服务。国家卫生健康委发布的相关资料显示，到2035年，家庭医生签约服务覆盖率将达到75%以上，基本实现家庭全覆盖。此医养结合费用可以由老年人和政府分别承担一定比例，符合报销条件的医疗服务可以通过居民医疗保险报销，以减轻老年人的养老压力，增强老年人入住医养结合养老机构的意愿，从而有效解决我国面临的养老难题。

医疗机构参与"医养结合"主要有以下几种模式：医内设养、养内设医、医疗机构与养老机构联盟这三种模式：

第一，医内设养是指医疗机构利用自身资源，在医院内部开设养老病区或者床位，依托医院先进的医疗设备和专业的医护人员队伍，提供老年人突发病症紧急抢救、手术后康复治疗、特慢病长期调理等医疗服务，充分发挥医疗机构"医"的优势。医院设有护理床或护理区域，生活上有专业的团队负责照料，医疗方面则由医院方面派出医师、护理、营养师等专业人才团队进行健康管理，这受到了老年人的欢迎。这种模式在急性期医疗服务处理方面能给予有效支持，但是在建设成本上投入较高，需要专门的场地和设备，对环境的要求更加突出，一般医疗机构在提高医疗能力建设的同时无法兼顾其他问题的解决。[1]这样的机构一般入住费用较高，老年人仅靠退休金是无法长期消费的。另外，由于场地限制，此类机构一般距离人口聚集区域较远，而距市区较近的机构则凭借区位优势往往出现一床难求的局面。

第二，养内设医主要是指在养老机构中设立医务室或整套医疗单元。这种模式会造成养老机构的运营成本增加，通常在政府出资公办、规模相对较大、财力比较充足的机构中才得以实施，在提供基本养老照护服务的基础上，为老年人提供基础性疾病诊断、治疗和护理服务。这种模式本身是非常适宜的医养结合运营模式，但是往往面临着场地、医疗设备、专业人才队伍等方面的限制，准备实施阶段需要大量的资金投入，一旦投入则运行成本相对较高。另外，养老机构中只有"医"的部分被纳入医保支付范畴，审批流程和条件都非常严格，"养"的部分虽然得到了资金保障，但转入医疗后的生活照护部分，支付政策和评估标准的建立仍在探索当中。

第三，医疗机构与养老机构联盟是指医疗机构与养老机构凭借各自的专业优势，通过建立合作协议，共享双方资源，发挥各自领域的作用，促进"医"和"养"的融合。这种模式得以形成的主要原因是养老机构无法

---

① 李源. 云南公立医院参与"医养结合"养老模式研究——以 A 医院为例［D］. 昆明：云南财经大学，2021.

提供或者只能部分提供医疗服务，医疗机构在满足自身服务患者需求的前提下，其剩余价值能够对外提供。医疗机构主要提供"医疗"服务，老年护理机构主要负责"养护"，双方相互配合，共享资源，通力合作。当前，这种模式被广泛应用，通过建立协议关系弥补了养老机构在医疗服务能力上的欠缺，也弥补了医疗机构在资金投入、管理方式等领域的不足，增加了医疗机构的患者数量，提高了病床周转效率，也为养老机构吸引了新的"客户"资源。同时，这种模式也存在一些问题：一是前期谈判成本高，合作过程中监管困难，如果监管不到位，医院品牌容易受损；二是医疗机构医务人员由于内外部因素的影响，其积极性难以调动；三是双边治理导致责任边界不明确，责任事故发生时可能会出现推诿现象。

目前我国医养结合养老服务存在供给结构性失衡的问题。供给主体在推进制度和政策演变的过程中，因为对自我定位不够准确，缺少对需求的深刻认知和对能力的理性评估，无法对供给规律完全地把握，导致各个供给主体层次产生分化，形成医养结合保障服务出现缺乏供给动力的问题。

第一，部分医疗或养老机构由于具有专业化程度较高、民营大型、公立等特点，以此为基础，能够成功增设"医+养"服务业务。然而目前很多已经开设"医养结合"业务的机构，存在市场定位不准确、盲目定位高端市场和人群等问题，未能与本地区的人口结构、消费水平和经济发展水平较好地结合，对其入住率造成非常严重的影响。[①]

第二，大型、高层级的公立医院和养老机构由于利润可观、专业人员丰富、业务资源充足，具有提供医养结合服务和增设养老或医疗服务的能力，但由于利润原因和规避经营风险，实际上参与医养结合养老服务的寥寥可数。而一些小型、基层、民营的养老和医疗机构，则存在缺乏医疗和养老基础设施、没有必要的资金支持、转型困难、增设健康养老服务困难等供给不平衡问题。

五、政府支持分析

政府出台的相关政策保障了医养结合养老服务体系的健康可持续发

---

① 孟颖颖. 我国"医养结合"养老模式发展的难点及解决策略［J］. 经济纵横，2016（7）：98-102.

展。2013年国务院出台相关政策提出了在养老服务中融入健康理念的思想；2014年，医养结合的表述正式出现，指出养老服务体系包括社区老年人日间照料中心、老年养护院、养老院，以及医养结合服务设施、农村养老服务设施等4类项目。2015年正式在文件中采用"医养结合"这一名词。自此我国从税收优惠、政府投资、政府购买、政府补贴等多个方面保障医养结合养老服务体系发展，国务院、民政部、人力资源和社会保障部、国家卫生健康委等相关部门相继制定、出台的政策和措施，为我国的医养结合养老服务业发展奠定了扎实的政策基础，也指出了未来一段时期内养老服务业发展的方向。

从上述政策来看，医养结合养老模式随着我国人口老龄化的加剧而产生并被迫切需要。从2013年要求有条件的二级以上医院与养老服务相结合，到如今推动医疗与养老服务延伸到社区和家庭，社会对医养结合这种新型养老模式的需求越来越广泛，基层医疗与养老服务相结合的建筑设计是未来医养结合型设施发展的必然趋势。

六、机遇分析

医养结合养老服务体系的发展机遇主要来源于当前我国的经济背景及社会环境。

首先是宏观经济运行大环境有利于我国养老服务经济的发展。我国已经进入老龄化社会，一方面，人口总量出现绝对下降；另一方面，老年人规模不断提升，由此带来了巨大的养老服务需求。据《中国老龄产业发展报告（2021—2022）》预测，2050年我国60岁及以上老年人口的消费市场规模将增长到106万亿元，伴随着女性就业率的提高和家庭结构的变化，养老服务行业的市场需求逐步增加，巨大的潜在需求将促进老龄消费水平的提升，从而拉动我国经济的增长。

其次是养老服务和健康养老市场规模的扩大。医养结合养老服务是集医疗产业、医药产业、保健品产业、健康管理服务产业以及健康养老产业"五位一体"的综合性服务，五个产业集群逐年增长的趋势也反映出我国对医养结合养老服务业的重视程度。有研究认为，预计到2026年，居家养老社区服务市场规模将突破500亿元，商业养老市场整体规模可突破2 000亿元。

最后是养老服务的社会环境，即养老保险覆盖率的持续增加以及老年人消费方式的转变。2012—2021年，我国基本养老保险参保人数从7.88亿人增加到10.3亿人，基本养老保险参保率超过90%，《"十四五"公共服务规划》中明确提出，2025年基本养老保险参保率将提升至95%，实现大多数居民的覆盖，养老保险覆盖率的逐步提升也反映出我国养老服务需求和支付能力的提升。随着我国经济的发展，老年人的消费水平也在逐步提升，《第五次中国城乡老年人生活状况抽样调查基本数据公报》数据显示，2020年，我国有9.1%的老年人外出旅游，其中旅游花费在3 000元及以上的老年人占比超过三成；有16.6%的老年人服用保健品，在保健品上花费1 000元以下的占60.6%。由此可见，老年人的消费需求已逐步从满足生理需求为主向满足生理需求、安全需求和社会需求为主的形式转变，这为实现医养结合的快速发展提供了契机。

第三节　现存问题分析

一、税收优惠系统性不足，激励效能弱化

（一）税收优惠政策的覆盖面较小，适用范围极窄

首先，税收优惠政策在养老服务业中显示出明显的受益主体偏向性，税收优惠政策覆盖的范围滞后于养老模式的创新性发展。目前，针对养老服务的税收优惠政策是以非营利性机构为主的。[①]随着我国医养结合养老服务体系的逐渐健全，政府与社会资本合作模式将成为新的养老服务模式。该模式是一项涵盖多种学科理论以及实践创新的多维度复杂管理模式，最早由英国政府在20世纪80年代提出，在我国起步较晚。我国在养老服务相关领域的PPP模式研究，直到2006年才逐渐展开。新模式与旧

---

① 时晨晨，刘春芝. PPP模式下医养结合税收支持政策优化研究［J］. 理论界，2023（3）：44-50.

的优惠政策产生冲击必然会使一些以获得收益为原则的民间资本无法享受税收优惠，同时，非营利性养老机构才能享受税收优惠的限制性条件也使得一些公益性、运行规范的现代企业被排除在享受税收优惠的行列之外。这种偏向性反映了政策设计上的考虑，即旨在支持那些更多依靠社会资助和公共资金的机构，然而这种偏向性导致民办营利性养老机构能够利用的税收优惠有限。民办营利性养老机构在申请税收优惠时常常面临较多障碍，这些困难包括烦琐的审批流程、复杂的资格认证以及严格的条件限制，这些因素共同构成了对这些机构的实际限制，影响它们获取税收优惠的可能性和积极性。依据福利多元主义经济理论，税收优惠政策应包含多种供给主体，以适应养老服务行业多样化的发展需求，多元化的政策设计可以更公平地分配资源，促进各类养老服务机构的均衡发展，同时刺激更多社会资本进入这一领域。目前的税收优惠政策在激励社会资本参与养老服务业方面的效果并不明显，这限制了政策在促进行业发展和创新方面的积极作用。为了发挥税收优惠在促进养老服务业成长中的潜力，政策激励机制需要进一步加强和明确，激发民办营利性单位的活力，以确保各种类型的养老服务机构都能公平地受益于税收优惠政策。

其次，享受税收优惠的条件苛刻。比如增值税的税收优惠只作用于养老机构提供的特定养老服务项目；房产税、城镇土地使用税应用税收优惠的前提是养老机构自有自用。同时，税收优惠的作用对象主要是非营利性养老机构，对于社区养老和居家养老服务的税收优惠政策相对缺乏，导致以"9064""9073"养老服务结构为主的税收优惠政策发生偏移。在2亿多的老年人中，有一半是空巢老人，有4 000多万是失能老人，该重点支持的养老模式没有得到优先考虑，即便达到5%的老年人入住养老机构的比例，也是以高端市场为主，体弱、特困等老年群体的"低端市场"无法满足，行业标准缺失，出现"劣币驱逐良币"和低服务质量的"柠檬市场"。占养老服务体系90%以上的居家养老服务，与其相关的税收优惠政策还远远不够；"中端市场"的老年消费群体不满意；"以房养老"、养老产业投资基金、保险、股权、债权等金融养老服务方式的税收优惠还未涉及，或范围狭窄；占比3%的相对富裕、生活独立、收入较高老年群体的"高端市场"又无法推进。

（二）税收优惠政策缺乏系统性，难以起到引导作用

养老服务业作为一个多元化的领域，不仅涵盖了传统的养老机构如养老院和养老设施，还涉及卫生护理、养老器械、金融投资等多个相关领域。养老服务业的定义已经超越了传统的养老院和养老设施，扩展到了包括专业的卫生护理服务、养老相关的医疗器械提供以及金融产品设计等领域，反映了养老服务业的复杂性和多元化的需求。现行政策过于集中于传统养老服务机构，未能广泛覆盖到养老服务业的所有细分领域，导致一些重要部分尚未受益于税收优惠。在养老服务的特定领域，现有的税收政策未能提供足够的优惠措施。

首先，在筹资环节，税收优惠条款较少，缺乏对社会资本的吸引力。目前养老服务业的税收优惠政策以减免税为主，但由于医养结合养老项目投资回报期长、利润率低，因此无法吸引民间资本的有效参与。而且，医养结合养老服务业作为一种生活性服务业，其发展离不开小微企业的参与，[①]但目前养老服务业的税收优惠只有营利性和非营利性优惠，并没有针对参与医养结合养老服务的小微企业提出专门的税收优惠。

其次，在运营建设环节，养老服务相关配套产品并未涉及税收优惠，尤其是对医疗服务器械和专用养老设备，这限制了这些领域内企业的发展。养老服务业的发展亟须专业人才，但目前的税收优惠政策未能有效解决人才短缺问题，这影响了行业的质量和可持续发展。养老服务相关产品的研发和投资融资活动至关重要，但目前尚缺乏专门的税收优惠政策来支持这些活动，限制了创新和资金流入。目前的税收政策和产业政策并未协调统一发展，在医养结合养老项目运营过程中，真正意义上的市场行为主体还未形成，税收优惠缺乏广泛性。

最后，在消费环节，大多数老年人由于传统观念的影响不会轻易选择医养结合养老服务，当前，税收优惠难以起到激励社会形成新型养老意识的作用。在所有税种中，对家庭支持老年人享受医养结合服务的无疑是所得税，目前主要针对捐赠行为存在所得税优惠，缺少对于家庭、机构或社区养老的鼓励式税收优惠政策。

---

① 王召青，邢亚男，曲婧，等. 基于钻石模型理论的医养结合型养老服务供给侧改革研究 [J]. 中国全科医学，2018，21（34）：4201-4205.

（三）税收优惠政策激励性不足，优惠内容较为单一

首先，税收优惠力度小。从现行养老服务税收优惠政策看，我国养老服务涉及的税种较为全面，但是优惠程度较低，实施限制和条件较多。非营利性养老机构享受税收优惠，如免征房产税，要证明相关资产是自用的，这一条件设定限制了机构在资源配置上的灵活性，尤其是那些依赖租赁资产以优化服务供给的机构，可能会因此面临额外的财务压力。租赁资产的税收优惠限制导致那些无法拥有固定资产的养老机构不能从现行的税收政策中受益，这不仅影响了机构的经营成本效益，也可能阻碍其在市场上的竞争力和服务能力的扩展。虽然鼓励社会各界向非营利性养老机构捐赠并提供所得税税前扣除的优惠，但必须通过指定的非营利性社会团体或政府部门，这一限定条件可能影响捐赠流程的便捷性和效率。营利性养老机构的捐赠者在计算企业所得税或个人所得税时不享受捐赠扣除优惠，这一规定可能影响向这些机构捐赠的积极性，限制了它们在资金筹集上的优势。捐赠行为被视为销售行为并须履行相应税收义务的规定，可能会使捐赠成为一项额外的财务负担，从而影响企业和个人对养老机构公益性捐赠的意愿。限制性的捐赠税收规定可能会对非政府组织、慈善团体和社区志愿者等社会力量的捐赠意愿产生负面影响，减少了这些社会力量参与养老服务事业的热情和投入，从而影响养老服务业资源的社会动员和整合。尤其是增值税和企业所得税的优惠，其复杂的申请程序一定程度上降低了人们对养老机构捐赠的热情，没有更好地起到激励作用。

其次，税收优惠方式及对象较为单一。现行税收优惠方式以减免税等直接优惠方式为主，这虽然在短期内能够为养老服务机构缓解财务压力，但在长期发展的创新驱动和业务扩展方面的支持力度不足，缺乏对税前费用列支、加速折旧、投资抵扣、减计收入、加计扣除等更为动态和灵活的税收激励手段，这限制了税收政策在促进行业创新和增长方面的作用的发挥。优惠内容以非营利性养老机构为主，并未联动医疗机构，实现医疗资源和养老资源的整合，没有起到以税收优惠推动养老机构发展和联结医疗机构，从而实现银发经济快速发展的推动作用。

最后，信息化建设相关优惠力度不足。随着互联网技术的发展，养老服务行业出现了新兴的"互联网+政务服务"模式，但因缺乏相应的税收优惠支持，这一新兴领域的发展面临可持续性挑战。随着互联网+医疗、

智慧养老等大数据平台的陆续建成，如果相关的政策宣传和优惠内容还停留在传统养老方式层面，这势必对大数据在医养结合养老服务平台的应用提出挑战，目前此方面相关的税收优惠政策还未落到实处。

二、财政投资结构化失衡，政策导向式微

（一）财政投资力度有待提高

首先，财政投入总量与现实要求存在较大差距。从基础设施上看，截至2024年年末，民政服务床位825.3万张，其中，养老服务床位799.1万张，与确定的到2025年养老服务床位达到900万张的硬指标相比，有100.9万张的缺口。在居家养老体系建设方面，2022年农村社区综合服务设施覆盖率达65.7%，与确定的到2025年农村社区综合服务设施覆盖率达到80%的目标，还存在一定差距。

其次，从人才队伍建设上看，根据《中国疾病预防控制中心周报（英文）》（China CDC Weekly）刊登的北京大学一项人口学研究数据，到2030年，我国失能老人规模将超过7 700万人，按照国际上失能老人与护理员3∶1的配置标准推算，至少需要2 567万名养老护理员，而目前仅有约100万人，供需矛盾较为突出。所以在今后一段时间内，为了应对老龄化给社会带来的挑战，财政投资要偏好于对养老护理人员的培训和支持。

最后，留作养老服务体系发展的土地由政府垄断且严重不足。土地作为一种生产要素，是政府获取税收收入之外的主要收入途径，土地也可以被看作财政直接投入的一种有效方式。比起商业开发的高回报，政府在养老服务业的土地供应上缺乏积极性，特别是城市土地稀缺，人口密度大，设施改造困难，许多养老机构由于缺地而无法建成。同时，因政策变化等原因暂停或禁止划拨地转为出让地，部分项目补交土地出让金后仍是"社会福利用地"，未改为"综合用地"，会导致土地不能抵押，融资渠道阻塞。这些政策出台的背后原因是财力不足，也是土地不足，由此可见，养老服务业用地政策还不够充分。2019年修正的《中华人民共和国土地管理法》中删去了"关于从事非农业建设使用土地的，必须使用国有土地或者征为国有的原集体土地"的规定，允许土地所有权人出租、出让，交由个人或单位使用。该调整省去了大量征地中间流程，具体细节还有待完

善，让集体土地发挥国有土地功能，来破解城郊医养产业、养老综合体的发展难题。

（二）财政投资引导功能不足

财政投资引导功能不足的最直接表现就是直接投入社会养老机构的效率不高，难以支撑养老服务体系的快速发展。政府投资领域的错配容易造成投入产出比的不平衡。目前政府基本建设投资和运营投资对养老机构的发展推动作用较小，每增加1%的基本建设投资只能带来小于0.4%的养老机构规模的扩张。

前期由政府财政投资建设的社区养老设施，多数存在运营困难、养老功能发挥不充分的弊端，具体表现为：一是社区日间照料中心床位大量闲置，针对失能老人、半失能老人的日间照料服务功能没能充分发挥；二是社区养老服务中心缺乏相应的服务供给配置，导致中心成为老年人自发组织活动和集会的场所；三是由于缺乏必要的日常运营支持与设施维护，加之宣传力度不够，因此老年活动中心越来越冷清，最后的情况是干脆关闭不再开放。

以上情况出现的原因主要在于：

首先，政府对居家和社区养老服务机构的支持存在重硬件设施建设、轻运营支持的倾向。针对养老机构床位数的总量短缺问题，财政补贴投资的重点放在了对养老机构设施的建设上，使得社区养老服务中心和日间照料中心更多的是提供公益性的养老服务，自我盈利与造血能力差，只能由政府或者社会持续提供运营支持，才能实现可持续经营。但现实情况是，地方政府很难为这些机构提供足够与持续的财政支持，导致出现设施闲置、服务缺位和经营困难的局面。养老服务作为具有私人性质的产品，应引入竞争机制，采用市场化的生产方式，使政府增强提供养老服务的能力，更有助于吸引民间资本参与到养老服务行业中来。

其次，政府投资公办养老机构极易对民间资本形成挤出效应。由政府带头投资运营的养老院，所有运营成本几乎都由政府承担，收费标准也较低，而民办养老机构则要考虑各种成本，收费价格也相对较高，这便直接设置了不公平竞争的障碍。政府将资本投资于少数养老机构中，无偿提供各种经费，运营效率自然相对低下，如果交由市场运营，或者交由政府和社会资本合作的养老机构运营，给予其更多的政策倾斜，成本将会降低。

（三）财政投资结构有待优化

首先，目前我国对于养老服务业的财税优惠政策大多集中于福利性、非营利性的养老服务机构，民办及营利性的养老机构可享受的优惠政策较少。由于养老服务机构本身前期投入大、回报周期长，政策上的倾斜不利于民办营利性养老机构参与医养结合养老项目，难以改善我国养老服务供需"结构性失衡"的现状。国外的发展经验表明，公益性社会组织与志愿者群体是居家和社区养老服务有效供给的重要力量，当前针对激励这股力量参与居家和社区养老服务供给的体制机制尚不健全，如何完善公益性非营利性社会组织的公益性财政补贴机制以及构建社会志愿者的社会支持机制，将是财政支持居家和社区养老服务供给侧结构性改革的重点内容。

其次，政府在投资上更加注重养老服务供给，对消费层面的关注度有待提升。在后期完善运营促消费环节，财政资金使用频数是中期人才建设求发展环节的50%，可见，政府投资缺少对老年人养老服务需求的关注。

最后，财政投资的城乡结构不太合理。农村老龄化的程度要高于城镇，但是财政投资对城市老年人的扶持力度较大，农村老年人能享受的政策较少。城市老年人除了自身的退休金外到了一定年龄还可享有一定的高龄补贴，而农村老年人的补贴相对较少。

三、财政补贴标准模糊，目标靶向性不足

（一）财政补贴缺乏科学的补贴标准

首先，现有的财政补贴方式主要包括高龄补贴、护理补贴、养老服务补贴，政策指导补贴标准大多由各地政府自行确定，补贴水平参差不齐。2022年，我国享受高龄补贴的老年人数为3 406万人，享受护理补贴的老年人数为94.37万人，享受养老服务补贴的老年人数为574.87万人，享受护理补贴的老年人数最少，然而在这三大补贴中，最需要重视的就是护理补贴[①]。护理补贴解决不能自理、经济条件差的老年人的护理需求，在内

----

① 柴化敏. 英国养老服务体系：经验和发展［J］. 社会政策研究，2018（3）：79-96.

容上同其他补贴难有明显差别，但在资金投入上明显乏力，顶层设计的强制分类，导致补贴执行过程异常艰难，标准不统一，开展节点不统一，随主流"照葫芦画瓢"的政策文件多于操作实际。如《京津冀区域养老工作协同发展实施方案》指出，入住养老机构的北京户籍老年人每人每月将获得不少于100元的交通补贴，"不少于"这样的字眼尽管使用恰当，是只有下限而没有上限的补贴标准，但显然很难界定。老年人失能情况、收入情况、年龄大小都会有差别，"补贴跟老年人走"固然没错，但在不区分差别的情况下，很难实现财政补贴政策的社会公平。该方案还指出，对于协同发展区域内收住的老年人，养老机构可以获取双重补贴，一方面来自机构所在地民政部门对非营利性床位的运营补贴，另一方面来自老年人户籍所在地的床位运营补贴。于是出现两个症结：一是对养老服务业公益性和营利性的不清晰认识，在政策执行上依旧偏好"非营利"属性；二是没有明确老年人户籍所在地政策规定和拨付部门的主体责任，字面上容易理解为民政部门是单一政策执行者。

其次，补贴缺乏调整机制。目前的各项补贴政策是由省级政府负责制订具体方案，在制定补贴标准时，未说明补贴标准的科学依据和调整机制。鲜有地区在制定补贴标准时经过充分调查和建立科学评估指标来评估老年人的需求。目前补贴标准一般在颁发新的政策文件时才会调整，缺乏动态调整机制，调整周期不稳定。养老服务的价格和社会经济发展水平相联系，补贴金额应该和市场上的同类养老服务的变化一致。

最后，针对机构的运营建设补贴，有的是按新增床位建设成本的一定比例进行补贴，有的是按每张床位的固定金额进行补贴。在对相关城市的民政部门进行调研时发现，针对养老机构的建设补贴、运营补贴标准如何确定等问题，很少有城市是通过课题研究、模型测算出来的，基本是比照其他城市的标准，然后结合本地财政的实际状况，提出一个草案，最后交由领导者拍板决定。在较为发达的城市往往采用比例补贴，即按照一定的实际运营成本比例给予补贴；而在一些经济落后地区往往采用定额补贴的方式，而且没有完整的绩效评估反馈，其达到的效果难以衡量。这种决策方法，再加上没有相应的政策效果评价机制，使得财政补偿政策缺乏应有的针对性与科学性。

（二）财政个人补贴定位不清晰，针对性不强

首先，补贴对象界定模糊。当前只是界定了三大补贴的作用群体，并未对不同经济状况、健康程度、年龄层次的老年人进行明确划分。一方面是泛化补贴对象。鉴于我国养老服务补贴制度的"补缺"定位，往往考虑的是经济状况和社会身份，并将这类因素与需求评估平行考量，致使一部分没有养老服务需求的经济困难老年群体也获得了补贴，降低了资金的使用效率。这也是因为经济因素比较好识别，失能状况作为老年人养老服务需求的决定性因素识别较为困难。另一方面是补贴范围过窄。目前的保障体系主要面向经济困难且失能的老人，但一些特殊人群存在现实困难，需要重点保障。一是临近60岁的低收入、患重大疾病的人。这些"准老人"因为疾病的折磨在生活起居方面存在困难，同时也需要一定的专业护理。二是子女患重大疾病或残疾的老人，这些老人照顾自己的同时还需要照顾子女，可以考虑将其纳入补贴范围。

其次，在法律层面和顶层设计上不够完善。在护理补贴标准中，对失能、半失能老人的评估标准不够细化。不同程度的失能老人对照护服务的需求差异很大，但补贴政策可能未充分考虑这种差异，使得真正需要高额照护费用的重度失能老人得到的补贴不足，而一些轻度失能老人可能获得了与需求不太匹配的补贴。当前针对老年人的高龄补贴、养老服务补贴以及护理补贴，尤其是高龄补贴的立法和实际执行层面均存在差异，判定高龄补贴属于社会救济还是社会福利的争议是矛盾的焦点。从这个意义上讲，目前各城市实施的老年人养老补贴在法律层面和顶层设计上不够完善。在"提高补贴政策的精准度"方面，通过梳理十多个城市的养老补贴政策，发现政策制定和实施一般都是围绕"扩面提标"的目标展开，很少从提高补贴政策对象识别的精准度和政策目标的精准度上开展老年人养老补贴方式和政策的创新。

最后，补贴方式缺乏针对性。统一的补贴标准无法满足多样化需求。不同地区的养老服务成本不同，老人的生活习惯和需求也各异，但补贴方式可能较为单一，没有根据地域特点和个体差异进行调整。比如在一些高消费地区，相同的补贴金额可能难以满足老人购买优质养老服务的需求；而在一些养老服务资源相对丰富、价格较低的地区，补贴可能又存在过剩的情况。同时，侧重于资金补贴，忽视了服务提供的多样性。有些老人可

能更需要实际的照护服务，而非单纯的资金支持，但补贴政策可能没有充分考虑到这一点，导致资金补贴不能有效转化为老人所需的优质服务，无法切实提高老人的照护水平和生活质量。

（三）养老机构财政补贴呈现过多碎片化

首先，政策制定层面。各地根据自身情况制定补贴标准，补贴方式各不相同，没有形成统一规范，缺乏系统性规划和统一指导。医养结合养老服务具体内容包括健康咨询、护理指导、日常巡诊、双向转诊、慢性病干预、分层管理、心理慰藉、用药指导、临终关怀等。这种服务模式的建立，需要整合民政、卫生、社保等多个部门的资源，当前财政支持医养结合养老服务供给的重点任务，是引导医疗卫生资源进入养老医疗服务中来，同时补齐相关的基础设施短板。但是，就目前财政支持医养结合养老服务供给的现状看，存在的主要问题是没有形成稳定的财政资金投入机制。当前，大部分城市基于试点对特定老年群体提供医疗护理的财政补贴，这种财政拨款及补贴没有明确的标准，一般根据当地财政状况的好坏而定，没有形成诸如"养老助残服务事业发展大额专项资金"、长期医疗护理保险等固定的筹资办法，医疗服务提供的质量和可持续性无法得到有效保障。

其次，资源的优化配置层面。目前养老服务补贴政策多是"自下而上"的局部性探索，自上而下的统一性政策较少，导致现行补贴制度缺少规划与引导。政府对养老服务的支持大多侧重于经济方面，对养老服务的质量和结构的规划较少。从产品属性来说，高端的养老服务属于"私人物品"，并不需要政府介入提供补助，政府应该区分养老服务的不同属性，采用政府购买等方式全额资助生存型的养老服务。对于普通养老服务，依据评估标准给予一定的补贴。在保障对象、补贴标准、资金来源上，各省市的差异较大，有的是省级统一标准，也有的是将决策权下放至县（市、区）。制度的碎片化制约了养老服务资源的优化配置。当前我国的养老服务体系已进入"高质量"发展阶段，需要各主体之间的高度协同，目前碎片化的情形会影响各主体之间的有效协调和科学整合。随着医养结合养老机构的发展，养老机构的规模、质量以及类型都呈现出差异化和多样化，在进行财政补贴时，需要注意资源配置的合理化。政策执行层面难以形成合力会导致补贴工作的混乱。养老机构的管理涉及多个部门，如民政、财政、人社等，各部门在财政补贴的发放、监管等方面可能存在职责不清、沟通不畅等问题。

最后,财政补贴政策落实层面。主要存在的问题有:

一是财政补贴的申请条件较严。前些年很多城市规定养老机构申请建设补贴,必须有房屋或土地产权证书,即有自有房产的养老机构才可以申请到财政的一次性建设补贴,而那些通过场地租赁经营的养老机构自然不满足补贴申请条件。不过近两年这种情况已经发生了改变,如2019年厦门出台的《养老服务机构财政扶持资金管理办法》就明确了,通过租赁房屋等方式增加床位的也可以申请床位建设补贴,但是还有两个附加条件,即养老机构必须能提供50张以上的床位,同时租赁期限必须在5年以上。

二是城市养老机构的水、电、气、通信等价格优惠政策很难落实。近些年中央和地方出台的支持养老服务业发展的文件与意见中,在政策保障部分都会提到针对养老机构运行过程中水、电、气的使用实施价格优惠。但是在对养老机构走访中得知,这个政策落实难度大,症结在于城市自来水公司、电网公司、燃气公司属于自主经营的市场化经营主体,在出台养老服务发展支持政策时,应同时给予水、电、气生产提供方相应的政策或财政补贴,这些供应主体才会支持政策的顺利落地。

三是贷款优惠政策难以落实。对于公办民营或民办公助的非营利性养老机构,由于对养老机构场地没有所有权,缺乏担保抵押物,很难从银行获得贷款,因此不能享受到财政贷款贴息的优惠政策。

四、政府购买缺乏长效机制,保障功能欠缺

(一) 政府购买养老服务缺乏持续性保障

首先,政府购买养老服务尚未有明确的法律支撑。从目前的立法情况看,购买公共服务尚未被明确纳入政府采购范围之中,《中华人民共和国政府采购法》仅规定了采购范围,对于服务的限定仅局限于能够保证政府正常运行的后勤服务,并未规定公共养老服务,其余相关的配套法律法规条例还未正式公布实施,造成了政府购买无法可依的困境。

其次,政府购买资金来源的不确定性造成了保障缺乏持久性。在政策文本中,随着中央相关文件的出台,特别是国务院办公厅印发的《国务院办公厅关于全面放开养老服务市场提升养老服务质量的若干意见》以及民

政部"社区老年福利服务星光计划"实施以后，各地的改造资金来源，由城市老旧小区改造专项资金的单一来源渠道，逐步向政府财政资金、彩票福利金和社会捐助等多渠道转变。但是，这些资金规模非常有限，使得当前能够推动实施的适老化改造项目数量、规模以及有需求老年人群体的覆盖面都非常有限。政府购买医养结合养老服务的资金如何在财政预算中统筹安排，各级政府的承担比例始终未有具体说明，也没有形成确定的中央与地方财政共担的资金投入机制。如何加快构建面向广大老年家庭和老旧小区适老化改造项目的多渠道融资机制，构建政府补贴、产业引导和业主众筹等多渠道支撑的融资格局，提高我国城市适老化改造项目的资金供给能力，依然需要各城市进一步探索和创新。

（二）政府购买养老服务层次不明

首先，服务内容界定不清导致政府购买养老服务资源的不合理使用。部分医养结合项目未明确规划医疗服务与养老服务的具体内容。例如，在一些机构中，简单的健康监测被归类到医疗服务，但实际上这可能只是养老服务中基本的健康管理范畴。

其次，受惠群体较小，服务对象层次不明。由于老年人对基本养老服务需求呈现动态、多层次的特点，这就要求根据老年人的年龄、身体状况、收入状况、文化程度等实施不同的政府购买服务。但对于不同程度失能老人的康复护理需求，没有明确的等级规划和对应的服务标准。民政部门作为政府采购主体，与基本养老服务机构、福利性单位以及老年人群体之间存在信息不对称问题，这往往导致政府购买养老服务的供需脱节。专业医护人员占比较低，截至2023年年底，我国注册护士总量与养老机构数量比为14∶1，与完全失能老人数量比为1∶0.16。从业人员少、政府购买养老服务的受惠群体小，导致医养结合养老服务队伍的不稳定。

最后，服务机构层次不明。政府购买基本养老服务中存在财政部、民政部等多个部门间事权交叉、购买资金分散等问题，导致政府购买基本养老服务并不能够满足老年人的需求。特别是民政部将养老机构的床位数作为考核的一项业务指标之后，养老床位审核不严等问题随之出现，使得部分机构为了争取财政支持而降低床位建设的标准，或者为了压缩成本而降低建设质量。这样的养老机构并不能够吸引有需求的老人入住，从而难以解决养老资源匮乏的实际问题。另外，医养结合养老服务机构的资质评定标准不够细化，使得一些资质较低的机构也能进入市场提供服务，导致政府购买医养结合养老服务水平参差不齐。

（三）政府购买养老服务管理评价体制不完善

首先，政府购买居家和社区养老服务是政府采购的一部分，政府与承接主体即服务供给者之间是一种契约关系，双方在地位平等的基础上签订合同，并非包含和被包含、依附和被依附的关系。适度的市场竞争对于居家和社区养老服务市场的发育也十分关键，通过适度竞争不仅可以提升服务供给的质量和效率，同时还可以减少政府许多不必要的财政投入。但是调研发现，地方政府往往忽略了居家和社区养老服务供给的市场化培育，而直接选择形式性购买或委托性购买的方式，造成的后果主要体现在两个方面：一是被政府重点扶持的居家和社区养老服务供给主体缺乏改进服务质量、提升服务效率、创新服务模式的动力，久而久之导致服务质量和服务效率下降，缺乏必要的市场竞争能力；二是这种垄断性购买一定程度上对计划进入居家和社区养老服务的市场主体产生了挤出效应，造成整个服务供给市场的效率低下。依托政府意识的社会组织缺乏主动出击的积极性，容易形成被动服务。在政府购买服务过程中，政府拥有最大决策权，倘若没有一定的选择标准决定政府购买养老服务过程中的供给方，会影响社会组织参与医养结合养老服务的积极性。

其次，政府购买养老服务的监管机制尚待健全。当前，政府购买养老服务的监督，主要包括政府部门的监督、第三方评估和服务对象的监督。政府部门的监督包括资格审核、日常运营监督、效果评估等方面。在政府采购相关规范中对于事前监督已经作了明确的规定，进入招投标的机构或组织在硬件设施方面都满足了基础条件，但是日常运营监管稍显薄弱。第三方评估实质上是政府监督中的一个环节，主要是服务效果的评估，目前我国法律规范提出购买主体委托第三方评估，应在年终考评中体现，但由于资金不足等原因，很多地方未形成第三方监督评估机制；即便开展了第三方评估，鉴于缺少过程的信息化监督，也未能发挥应有的监督效果。服务对象的监督往往没有强制性，效果有限。现有的评价体系也主要侧重于服务的数量、服务的完成情况等，而对服务的效果、老年人的满意度、服务对老年人生活质量的提升等重要方面关注不够，不能全面准确地反映服务的实际价值。

第四章 我国医养结合养老服务供需影响因素实证分析

第一节 供给影响因素的灰色关联排序

一、理论基础和模型构建

养老服务劳动力作为养老服务的直接提供者，他们的数量和质量直接决定了养老服务的供给能力。养老护理员作为能够为老年人提供生活照料、健康护理、心理慰藉以及情感支持的专业性人员，直接影响养老服务劳动力供给。[①]截至 2024 年年末，全国 60 岁及以上人口为 31 031 万人，占总人口的 22.0%，其中 65 岁及以上人口为 22 023 万人，占 15.6%。随着人口老龄化愈发严重，养老护理员成为影响养老服务供给的主要因素。本书将养老护理员作为养老服务劳动力供给的因变量。由于养老服务业近几

---

① 薛书敏. 我国养老护理员队伍职业化的调研报告 [J]. 吉林广播电视大学学报，2019（2）：77-79.

年才得以快速发展，养老护理院的统计数量十分有限，对于一些影响因素的信息不完全清楚，故可以采用灰色关联系统进行分析和预测。灰色关联系统理论是我国控制论专家邓聚龙教授于1981年首次提出的，该理论以"部分信息已知，部分信息未知"的"小样本"为研究对象，在数据量较少的情况下，灰色关联系统理论能发挥较好的作用，主要通过对"部分"已知信息的生成、开发，提取有价值的信息，实现对系统运行行为、演化规律的正确描述和有效监控。

灰色关联系统分析步骤如下：

第一步，确定参考序列。其旨在分析各个要素对养老服务业劳动力供给市场的影响，养老服务劳动力供给作为参考序列，设参考序列为 $X_0 = \{X_0(1), X_0(2), X_0(3), \cdots, X_0(n)\}$，其中，$n$ 为数据的个数。

第二步，确定比较序列，这些是与参考序列进行关联分析的序列。设比较序列为 $X_i = \{X_i(1), X_i(2), X_i(3), \cdots, X_i(n)\}$，其中 $i = 1, 2, 3, \cdots, m$，数列 $i = 1, 2, 3, \cdots, m$ 和数列 X_i 就是系统的灰色分析数列。

第三步，数据的无量纲化处理。初值化数据，对于序列 $X_i = \{X_i(1), X_i(2), X_i(3), \cdots, X_i(n)\}$，$X_i(k) = x_i(k)/x_i(1)$，$k = 1, 2, 3, \cdots, n$，$i = 0, 1, 2, 3, \cdots, m$。其中，$k$ 对应时间段，i 对应比较数列中的一行。

第四步，计算差值序列，$\Delta_i(k) = y_0(k) - y_i(k)$，$k = 1, 2, 3, \cdots, n$；$i = 0, 1, 2, 3, \cdots, m$。

第五步，确定两级最大差和最小差。

两级最大差为：

$$M = \max_i \max_k \Delta_i(k)$$

两级最小差为：

$$m = \min_i \min_k \Delta_i(k)$$

第六步，计算关联系数。关联系数为：$\xi_i(k) = \dfrac{m + \rho M}{\Delta_i(k) + \rho M}$，其中，$\rho$ 为分辨系数。

第七步，计算关联度。关联度为：$r_i = \dfrac{1}{n} \sum\limits_{k=1}^{n} \xi_i(k)$，其中，$i = 0, 1, 2, 3, \cdots, m$。

二、数据及变量说明

经前文波特钻石模型分析，影响医养结合养老服务发展的供给生产要素主要包括人力资源、资本资源、知识资源以及基础设施，本书用养老护理员数量代表养老服务供给能力，用卫生技术人员数量、助理社会工作师数量、经济活动人口总量、城镇人均可支配收入、社会服务事业费支出、城镇基本医疗保险参保人数、60岁及以上老年人口数量以及养老服务床位数作为主要解释变量。

其中，X_0代表养老护理员数量，采用的是《中国民政统计年鉴》公布的养老护理员累计鉴定合格人数数据[①]，由于2019年之后《中国民政统计年鉴》不再公布此数据，故本书研究选用的时间区间是2014—2019年。X_1代表卫生技术人员数量，采用的是《中国统计年鉴》公布的卫生技术人员数量。X_2代表助理社会工作师数量，采用的是《中国民政统计年鉴》公布的助理社会工作师累计合格人数。X_3代表经济活动人口总量，采用的是《中国统计年鉴》公布的经济活动人口总量。X_4代表城镇人均可支配收入，采用的是《中国统计年鉴》公布的地区城镇居民人均可支配收入。X_5代表社会服务事业费支出，采用的是《中国民政统计年鉴》公布的社会服务事业费支出。X_6代表城镇基本医疗保险参保人数，采用的是《中国统计年鉴》公布的地区城镇居民医疗保险参保人数。X_7代表60岁及以上老年人口数量，采用的是《中国民政统计年鉴》60岁及以上老年人口数据。X_8代表养老服务床位数，采用的是《中国民政统计年鉴》养老床位数据。养老护理费及相关影响因素变量值见表4-1。

表4-1　　　　　　　　养老护理费及相关影响因素变量值

变量＼年份	2014	2015	2016	2017	2018	2019
养老护理员数量（人）	15 959	24 086	32 614	44 102	44 224	44 224

---

① 王天鑫. 基于医养结合的我国养老服务供求研究［D］. 长春：东北师范大学，2018.

续表

变量\年份	2014	2015	2016	2017	2018	2019
卫生技术人员数量（万人）	758.98	800.75	845.44	898.82	952.92	1 015.4
助理社会工作师数量（人）	120 332	154 606	219 244	244 495	333 582	406 802
经济活动人口总量（万人）	79 690	80 091	80 694	79 042	78 653	78 985
城镇人均可支配收入（元）	28 843.9	31 194.8	33 616.2	36 396.2	39 250.8	42 358.8
社会服务事业费支出（亿元）	4 414.1	4 926.4	5 440.15	5 932.68	4 076.93	4 279.24
城镇基本医疗保险参保人数（万人）	59 774	66 582	74 392	117 681	134 459	135 407
60岁及以上老年人口数量（万人）	21 242	22 200	23 086	24 090	24 949	25 388
养老服务床位数（万张）	577.7	672.7	730.2	744.8	727.1	775

三、灰色关联分析

关联度的大小反映了比较序列和参考序列的关联程度，排序结果可以帮助我们确定哪些因素指标对养老服务供给的影响程度最大，同时因子影响的先后顺序将为下文医养结合养老服务综合发展水平测度指标的选取提供理论支撑。因素指标影响程度的灰色关联排序结果见表4-2。

表4-2　　　　　　　　　影响程度灰色关联排序

变量	因子	关联系数
X_2	助理社会工作师数量	0.79506123
X_6	城镇基本医疗保险参保人数	0.67655146

续表

变量	因子	关联系数
X_8	养老服务床位数	0.57123554
X_4	城镇人均可支配收入	0.56461906
X_1	卫生技术人员数量	0.55140573
X_5	社会服务事业费支出	0.55006409
X_7	60岁及以上老年人口数量	0.54244292
X_3	经济活动人口总量	0.52416259

通过对比关联系数的大小，可以看出我国养老护理员数量与助理社会工作师的数量关联程度最高，灰色关联系数为0.7951，助理社会工作师作为养老服务队伍人才的重要组成部分，能满足多方面的养老需求，同时助理社会工作师与养老护理员的工作内容有高度的相似性，因此，该因素能成为影响劳动力市场规模的重要因素。排在第二位的是城镇基本医疗保险参保人数，灰色关联系数为0.6766，城镇基本医疗保险可以保障老年人支付能力，提升养老服务市场的稳定性，此要素作为保障要素也是影响劳动力市场供给的重要因素。排在第三位和第四位的分别是养老服务床位数和城镇人均可支配收入，灰色关联系数分别为0.5712和0.5646，养老服务床位数直接体现了养老服务供给的硬件设施水平，反映了养老服务的供需关系，城镇人均可支配收入影响老年人及其家庭对养老服务的购买能力，决定了老年人的需求偏好层次，也会直接影响养老服务供给市场。排在第五位的是卫生技术人员数量，灰色关联系数为0.5514，因为养老服务供给市场为了满足老年人多样化的养老需求，愈加将"医"和"养"结合，故卫生技术人员的专业优势也会为增强养老服务供给能力提供助益。

随后分别是社会服务事业费支出、60岁及以上老年人口数量以及经济活动人口总量，灰色关联系数分别为0.5501、0.5424以及0.5242，相对于前面的因素指标，这3项关联度相对较低，影响程度较小，这可能是因为：社会服务事业费支出具有有限性，此项支出并不是针对养老服务的专项支出，其投入相对有限；我国养老护理员整体规模较小，数量缺口较大，如果不增加养老服务供给，即便老龄化再严重，其对养老服务供给市场的波动程度也相对较小；如果老龄人口数量增加缓慢或健康状况良好，即使经济人口总量增多，对养老护理员的需求也不会大幅增加。

第二节　需求影响因素的二元Logit回归分析

一、数据来源与样本特征

"中国健康与养老追踪调查"是一项针对中国45岁及以上中老年人群的大规模微观数据收集项目，旨在提供高质量的家庭与个人数据，以深入分析人口老龄化问题。该调查首次全国基线调查于2011年实施，涵盖了150个县级单位、450个村级单位，涉及约1万户家庭和1.7万名受访者。本书基于CHARLS（2020）的数据，对老年人的需求进行综合评估。根据研究目的，本书只选取了样本中60岁及以上的老年人进行研究，由于部分样本量含有缺失值，数据被剔除后最终分析数据包含8 679个样本。

在本次筛选的样本中，60~69岁老年人占比54.61%，70~79岁老年人占比36.36%，80岁及以上老年人仅占9.02%，低龄老人比例较高。性别分布较为均衡，男性占52.18%，女性占47.82%。从居住地来看，38.18%的老年人居住在城镇，61.82%的老年人居住在农村，大部分老年人生活在农村。已婚有配偶的老年人占比83.70%，离异丧偶或从未结婚的老年人占比16.30%，无配偶的老年人占比较低。样本特征情况见表4-3。

表4-3　　　　　　　　　　　　样本特征

特征	类型	人数（人）	占比（%）
年龄	60~69岁	4 740	54.61
	70~79岁	3 156	36.36
	80及岁以上	783	9.02
性别	男	4 529	52.18
	女	4 150	47.82

续表

特征	类型	人数（人）	占比（%）
城乡分布	农村	5 365	61.82
	城镇	3 314	38.18
婚姻状况	有配偶	7 264	83.70
	无配偶	1 415	16.30

二、指标选择与模型构建

（一）指标选择

本部分探讨影响老年人对医养结合养老服务需求的关键因素，目前我国以居家养老模式和机构养老模式为主。实现居家养老模式的重要前提是如果以后患病是否有人照料，医养结合作为机构养老模式的附属模式，结合了医疗资源与养老服务，能够为老年人提供全方位的健康管理、疾病治疗、康复护理以及生活照料服务。因此本书根据CHARLS（2020）问卷中"如果以后在日常生活方面需要照顾，比如吃饭、穿衣，有亲人或朋友能长期照顾吗"这一问题的回答来定义有无医养需求这一二值变量。养老服务与老年人的健康息息相关，对老年人健康的了解是必要的。健康状况在医学和社会学上有不同的内涵，在医学上指的是是否患病或有临床症状，在社会学上主要指老年人履行社会角色的能力，从需求角度出发衡量老年人的健康水平。按照CHARLS（2020）对老年人健康与状况的评估，将核心解释变量分为五大类，分别为个人特征、认知水平、身体功能、心理状况以及自我保障。

其中，认知水平按照量表分为定向力、计算力和注意力、回忆力、语言力和记忆力。老年人的语言力和记忆力存在重度障碍的比例最低，说明大多数老年人可以进行一般的语言沟通，能够做到正常记忆日常事情。缺失率最高的是计算力和注意力，说明随着年龄的增大，反应变得缓慢。以老年人定向力、计算力和注意力、回忆力、语言力和记忆力的情况，汇总推算老年人的认知水平情况，作为解释变量。老年人认知水平细分情况见表4-4。

表4-4 　　　　　　　　　　老年人认知水平细分情况（%）

项 目	正常	中度障碍	重度障碍	合计
定向力	35.35	48.32	16.33	100
计算力和注意力	35.93	14.76	49.69	100
回忆力	27.23	62.10	10.67	100
语言力	53.95	40.83	5.22	100
记忆力	40.00	59.59	0.41	100

通过把不同性别、不同年龄、不同居住地、不同婚姻状况的老年人作为考察对象，统计认知水平、身体功能以及心理状况得分情况可以得出，随着年龄的增长，老年人的认知水平得分情况逐渐降低，有认知水平障碍的概率呈现上升趋势，高龄老年人中接近一半认知偏中下水平，占比高达45.60%，可见，在高龄老人中具有认知障碍的非常普遍。在老年人中，男性的认知水平一般要高于女性，女性认知水平较差的占比约为男性的2.54倍。农村老年人的认知水平得分情况普遍低于城镇老年人，农村认知水平较差的老年人占比约为城镇老年人的2.9倍。生活在城镇的老年人中有78.21%认知水平得分相对较高。有配偶的老年人中，有64.01%比例的老年人认知水平相对较好，无配偶的老年人具有认知水平障碍的占比是有配偶的老年人的2.37倍。

根据身体功能得分情况分析，随着老年人年龄的增加，因身体、精神、情感或者记忆方面的原因导致日常生活无法完成的老年人的比重有所增加，对于日常生活的自理情况，绝大多数老年人认为自己没有困难或者有困难但是可以独立完成。数据显示，60~69岁的老年人中，认为自己日常生活完全没有困难的占比为82.24%，70~79岁的老年人中，认为自己日常生活完全没有困难的占比为76.62%，80岁及以上的老年人中，认为自己日常生活完全没有困难的占比为67.69%，基本日常生活行动能力丧失的高龄老年人较多。男性和女性身体功能得分差距较小。83.61%在城镇生活的老年人日常生活完全能够独立，农村日常生活完全独立的老年人占比75.96%，在城镇生活的老年人身体功能普遍比生活在农村的老年人要好，身体功能得分情况城乡差距较大。无配偶的老年人身体功能得分情况比有配偶的老年人普遍较低，根据数据，无配偶的老年人中，日常生活能够完全独立的占比为70.53%，而在有配偶的老年人中，这一比例高达80.51%。

心理状况得分情况显示，70~79岁的老年人具有心理障碍的比例较高，心理状况完全正常的老年人仅占6.5%，60~69岁的老年人中，心理状况完全正常的占比7.87%，80岁及以上的老年人中，心理状况完全正常的占比7.92%，可见，老年人的心理功能相较于认知水平以及身体功能缺失率最高。男性老年人的心理状况相对于女性较好，女性具有心理障碍的占比几乎为男性的2倍，心理状况完全正常男性老年人占比9.30%，女性老年人仅占5.28%。按照居住地不同分析，生活在农村的老年人具有心理障碍的占比高于生活在城镇的老年人，在农村生活的老年人，心理状况完全正常的占比5.6%，在城镇生活的老年人，心理状况完全正常的占比10.2%，几乎是农村完全正常老年人的2倍。按照有无配偶情况分析，无配偶的老年人具有心理障碍的是有配偶老年人的2.5倍，在有配偶的老年人中，心理状况得满分的老年人占比7.87%，在无配偶的老年人中，心理状况得满分的老年人仅占比4.6%。在性别、年龄、居住地、婚姻状况方面老年人个体的情况见表4-5。

表4-5 老年人个体情况（%）

项目	分组情况	认知水平得分占比			身体功能得分占比			心理状况得分占比		
		6~13分	14~21分	22~30分	2~14分	15~27分	28~36分	0~10分	11~20分	21~30分
年龄	60~69岁	3.23	31.73	65.04	0.02	0.44	99.54	5.21	28.19	66.60
	70~79岁	5.39	34.85	59.76	0.03	0.70	99.27	6.31	30.00	63.69
	80岁及以上	9.71	35.89	54.40	0.26	1.15	98.85	4.98	29.63	65.39
性别	男	2.65	28.02	69.33	0.02	0.47	99.51	3.52	24.46	72.02
	女	6.72	38.94	54.34	0.02	0.39	99.59	7.86	33.90	58.24
居住地	城镇	2.11	19.67	78.21	0.00	0.30	99.70	3.51	23.23	73.26
	农村	6.13	41.62	52.25	0.04	0.50	99.46	6.87	32.53	60.60
婚姻状况	有配偶	3.76	32.23	64.01	0.01	0.23	99.75	4.49	27.82	67.69
	无配偶	8.91	38.44	52.65	0.07	1.41	98.52	11.24	34.91	53.85

（二）模型构建

本书研究的是老年人医养结合养老服务需求情况，因变量为老年人有无医养结合养老服务需求，该变量为二分类变量（取值为0代表没有该需求，取值为1代表有该需求），使用二元Logistic回归模型对数据进行分析，将基本回归方程设定为：

$$\log\left(\frac{p}{1-p}\right) = \beta_0 + \beta_1 X_1 + \beta_2 X_2 + \cdots + \beta_k X_k, \quad p = p(Y_i = 0 | X_{ki})$$
$$= 1 - p(Y_i = 1 | X_{ki})$$

由于β_k不能直接解释分类变量的概率，因此两边同时取对数。

其中，p是因变量取值为1的概率，即有医养结合养老服务需求的概率，$\frac{p}{1-p}$是事件发生的优势比（odds ratio），用来解释对被解释变量发生概率的作用，$\log\left(\frac{p}{1-p}\right)$是对数优势比（log odds），采用取对数的形式进行估计和计量。

X_1，X_2，X_3，$\cdots$，X_K是自变量，依次为性别、年龄、居住地、婚姻状况、身体功能、心理状况、认知水平、保障情况。β_0是截距项，β_1，β_2，β_3，$\cdots$，β_k是自变量的回归系数，模型的目标是通过最大似然估计回归系数β。

三、描述性统计分析

对样本进行描述性统计分析得到以下特征：在8 679个老年人样本中，有2 824名老年人有医养结合养老服务需求，占32.54%，这表明我国大多数老年人对该项养老服务需求不足，这主要与我国居家养老的传统文化密切相关，居家养老观念根深蒂固。在被调查的老年人中，低龄老年人较多，占比90.98%，80岁及以上的老年人仅占比9.02%；身体功能得分总体较高，得分均值为35.54分，最高分为满分36分；老年人的心理状况及认知水平相对较差；有医保养老保险保障的老年人较多，占比83.58%。具体见表4-6。

表4-6 描述性统计结果

变量名称	变量表示	变量含义与赋值	计数	均值	标准差	最小值	最大值
医养需求情况	Y	1=有需求 0=无需求	8 679	0.6746169	0.4685448	0	1
性别	X_1	1=男，0=女	8 679	1.4781660	0.4995518	1	2
年龄	X_2	0=60~69岁 1=70~79岁 2=80岁及以上	8 679	0.5440719	0.6546316	0	2
居住地	X_3	1=城镇 2=农村	8 679	0.3818412	0.4858659	0	1
婚姻状况	X_4	1=没有配偶 0=有配偶	8 679	0.1630372	0.3694209	0	1
身体功能	X_5	数值，数值越大，表明独立生活能力越强	8 679	35.5435000	1.3510950	2	36
心理状况	X_6	数值，数值越大，表明心理状态越好	8 679	21.8578200	6.1001340	0	30
认知水平	X_7	数值，数值越大，表明认知水平越高	8 679	22.5155000	4.7436920	6	30
保障情况	X_8	1=有医保养老保险 0=没有保险	8 679	0.8358106	0.3704687	0	1

四、实证分析

（一）多重共线性检验

由于存在多重共线性时，自变量的系数估计值会变得不稳定，这意味着无法准确地得到每个自变量对因变量影响的可靠估计，同时很难单独解释每个自变量的影响，同时会影响模型的预测估计能力，因此本书通过分析相关系数进行多重共线性检验，相关系数矩阵图见表4-7。

表4-7 相关系数矩阵图

	X_1	X_2	X_3	X_4	X_5	X_6	X_7	X_8
X_1	1							
X_2	−0.0549	1						
X_3	0.0457	−0.025	1					
X_4	0.1520	0.2412	0.0037	1				
X_5	−0.0716	−0.1136	0.0791	−0.1212	1			
X_6	−0.1687	−0.0342	0.1651	−0.1405	0.2836	1		
X_7	−0.1662	−0.1301	0.3113	−0.1188	0.1329	0.2398	1	
X_8	0.0563	0.5150	0.0513	0.1047	−0.0501	−0.0132	−0.0451	1

由上述相关系数矩阵图可知，任意两个自变量之间的相关系数均低于0.6，其中最大值为0.515。根据计量经济学广泛接受的经验准则（Gujarati and Porter，2009），解释变量的相关系数低于共线性存在的阈值0.7，可以初步排除解释变量之间存在多重共线性的可能。因此，解释变量出现多重共线性的可能性较小，可以将变量纳入同一个实证模型。

（二）Logit 回归结果分析

本书运用Stata 17.0统计软件对调查的8 679份数据进行二元Logit回归分析。数据处理采用向后回归，即从完整的复杂模型出发，依次剔除不满足显著性的变量，得到最终模型，并保证最终建立的回归方程中，所有解释变量的显著性检验系数都显著，结果见表4-8。

表4-8　　　　　　　　　全样本的二元Logit回归分析

特征变量	系数	标准误	z	$p>z$	95% 置信区间	
性别	−0.1171393**	0.0493156	−2.38	0.018	−0.2137960	−0.0204826
年龄	−0.0109332***	0.0041964	−2.61	0.009	−0.0191581	−0.0027083
居住地	0.0829008	0.0516796	1.60	0.109	−0.0183894	0.1841910
婚姻状况	0.1868646***	0.0652074	2.87	0.004	0.0590604	0.3146687
身体功能	−0.0967690***	0.0187889	−5.15	0.000	−0.1335947	−0.0599433
心理状况	−0.0579305***	0.0040927	−14.15	0.000	−0.0659520	−0.0499089
认知水平	−0.0161221**	0.0053807	−3.00	0.003	−0.0266680	−0.0055762
保障情况	0.2735867***	0.0758257	3.61	0.000	0.1249711	0.4222024
_cons	4.9539610***	0.7470218	6.63	0.000	3.4898250	6.4180960

注：*表示 $p<0.1$，**表示 $p<0.05$，***表示 $p<0.01$。

表4-8报告了各解释变量的系数、Z值和发生比。由表可知，性别在5%的显著性水平上对老年人医养结合养老服务的需求有显著负向影响，女性相较于男性对医养结合养老服务的需求更大；居住地未通过检验，说明老年人的居住地对医养结合养老服务需求的影响并不明显；年龄和婚姻状况在1%的显著性水平上对老年人医养结合养老服务的需求有显著影响，其中，年龄每增加1个单位，对数优势比减少0.011，说明老年人对医养结合养老服务的需求随着年龄增加而减少，这可能是由于年龄高的老年人无法短时间内接受由传统养老模式到医养结合新型养老模式的转换，居家养老观念根深蒂固；无配偶的老年人更愿意选择医养结合养老服务机构，这可能是因为无配偶的老年人在日常生活中获得的情感支持相对较少，医养结合养老服务机构在提供身体照护的同时，能够提供情感支持和精神慰藉，因此需求水平更高。

老年人的养老特征变量对医养结合养老服务需求起着决定性作用。身体功能在1%的显著性水平上对老年人医养结合养老服务的需求有显著负向影响，身体功能每增加1个单位，对数优势比减少0.097，表明身体功能水平越差，对医养结合养老服务的需求就越高，越有可能入住医养结合养老服务机构；心理状况在1%的显著性水平上对老年人医养结合养老服务的需求有显著负向影响，心理状况水平每增加1个单位，对数优势比减少0.058；认知水平在5%的显著性水平上对老年人医养结合养老服务的需求有显著负向影响，认知水平每增加1个单位，对数优势比减少0.016。以上这3个方面是衡量老年人健康水平的主要因素，即老年人综合健康水平得分越低，对医养结合养老服务的需求越大。保障情况在1%的显著性水平上对老年人医养结合养老服务的需求有显著正向影响，有医疗保险和养老保险的老年人更愿意选择医养结合养老服务机构，医疗养老保障水平每增加1个单位，对数优势比增加0.274，这主要是因为有医疗保险和养老保险的老年人对健康水平有更高的需求，医养结合养老服务机构可以提供医疗和养老的整合服务，为这部分老年人提供了极大的便利性、经济性以及保障性。

（三）边际效应及优势比结果分析

边际效应解释的是自变量对概率p的影响，即每增加一个单位概率p的变化量，适用于政策分析和实际决策，回归系数解释的是对数优势比的变化量，适用于理论分析和模型比较。对数优势比表示自变量每增加一个单位，事件发生的优势（odds）的变化倍数。样本的二元Logit回归边际效应及对数优势比结果分析见表4-9。

表4-9　　全样本的二元Logit回归边际效应及对数优势比结果分析

特征变量	回归系数	对数优势比	边际效应
性别	−0.1170**	0.8890**	−0.0246**
	（0.0493）	（0.0440）	（0.0103）
年龄	−0.010900***	0.98900***	−0.00229***
	（0.004200）	（0.004000）	（0.000880）
居住地	0.0829	1.0860	0.0174
	（0.0517）	（0.0560）	（0.0108）
婚姻状况	0.1870***	1.2050***	0.0392***
	（0.0652）	（0.0790）	（0.0137）

续表

特征变量	回归系数	对数优势比	边际效应
身体功能	-0.0968***	0.9080***	-0.0203***
	(0.01880)	(0.01700)	(0.00392)
心理状况	-0.0579***	0.9440***	-0.0122***
	(0.004090)	(0.004000)	(0.000823)
认知水平	-0.01610***	0.98400***	-0.00338***
	(0.00538)	(0.00500)	(0.00113)
保障情况	0.2740***	1.3150***	0.0574***
	(0.0758)	(0.1000)	(0.0159)
_cons	4.954***		
	(0.747)		

注：*表示 $p<0.1$，**表示 $p<0.05$，***表示 $p<0.01$。

根据优势比及边际效应的回归结果分析，性别因素的边际效应回归系数为-0.0246，在5%的显著性水平上显著为负，说明性别因素对养老服务需求呈现显著的负向影响，即男性的医养结合养老服务需求比女性低2.46%。年龄因素的边际效应回归系数为-0.0023，在1%的显著性水平上显著为负，说明年龄因素对医养结合养老服务需求呈现显著的负向影响，即年龄每高一个年龄段，需求减少0.23%，这可能是由于随着年龄的增大，更偏好传统养老模式。高龄老人比低龄老人有医养结合养老服务需求的概率下降1.1%（$OR=0.989$），相对于高龄老年人而言，低龄老年人对于新型养老方式的接受度更高。婚姻状况因素的边际回归系数为0.0392，在1%的显著性水平上显著为正，说明婚姻状况因素对医养结合养老服务需求呈现显著的正向影响，即没有配偶的老年人比有配偶的老年人医养结合养老服务需求高3.92%。

身体功能对医养结合养老服务需求呈现显著负向影响，身体功能得分每减少1个单位，医养结合养老服务需求上升2个百分点，在日常生活能力方面，得分每增加1分，有医养结合养老服务需求的概率就下降9.2%（$OR=0.908$）。这表明，老年群体身体状况是影响医养结合养老服务需求的一个重要指标。进入老年后，疾病发生率在日益上升，身体灵活程度也大不如前，身体功能的障碍会使老年人更有意愿选择被照料的服务。心理状况对医养结合养老服务需求呈现显著负向影响，心理状况得分每降低1个单位，医养结合养老服务需求上升1.22%，得分每增加1分，有医养结合养老服务需求的概率就下降5.6%（$OR=0.944$），这可能是由于我国家庭规模小型化与空巢化使得老年人缺乏日常的精神慰藉，孤独感较强，能够提供精神慰藉服务的医养结合养老服务机构更能满足老年人的多样化需求。认知水平对医养结合养老服务需求也呈现显著负向影响，认知水平得分每减少1个单位，医养结合养老服务需求上升0.34%，得分每增加1分，有医养结合养老服务需求的概率就下降1.6%（$OR=0.984$）。身体功能呈现的边际效应最高，这可能是由于身体功能状况决定了老年人日常行为能否独立完成，也是有无医养结合养老服务需求的关键决定因素。

在保障情况方面，医疗和养老保险的参与情况在1%的显著性水平上显著为正，说明有医疗和养老保险保障的老年人相比于没有保障的老年人医养结合养老服务需求更大，边际效应回归系数为0.0574，每增加1个单位的保障，医养结合养老服务需求上升5.74%，参加医疗和养老保险的老年人比未参加的老年人选择医养结合养老服务机构的概率增加31.5%（$OR=1.315$）。由此得出，自我保障能力越高，老年人医养结合养老服务水平越高。

（四）概率预测分析

在二元 Logit 回归模型中，概率预测是评估模型性能的重要工具。概率预测用于估计每个观测值事件发生的概率，8 679个个体有医养结合养老服务需求的预测概率如图4-1所示，所有观测值的平均预测概率为32.54%，标准差为0.098，表示预测概率的离散程度较小。

有医养结合养老服务需求的概率预测值在0～25%区间的个体观测值有22个，在26%～50%区间的有566个，在51%～75%区间的有1 707个，在76%～100%区间的有6 384个，表明预测的大部分个体对医养结合养老服务有较高的需求概率，随着需求概率的降低，个体数量显著减少。这可能意味着医养结合养老服务在当前样本中具有较高的需求潜力，尤其是在高概率区间的人群中。个体观测值预测事件发生概率占比如图4-2所示。

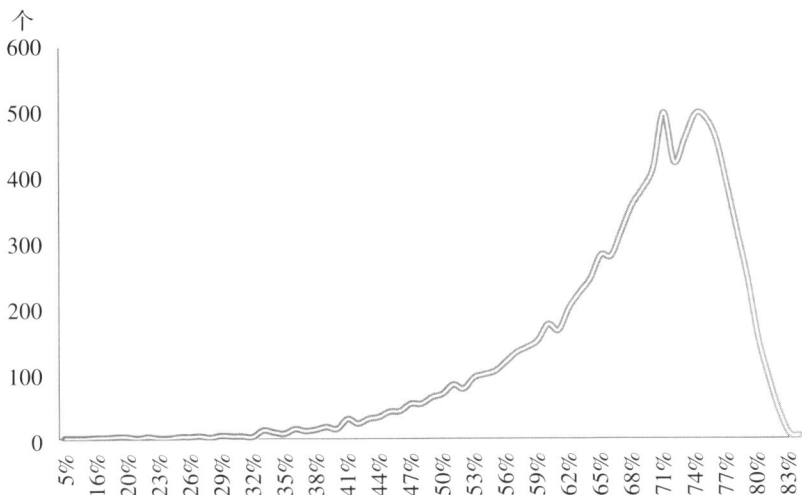

图4-1　个体观测值预测事件发生概率分布图

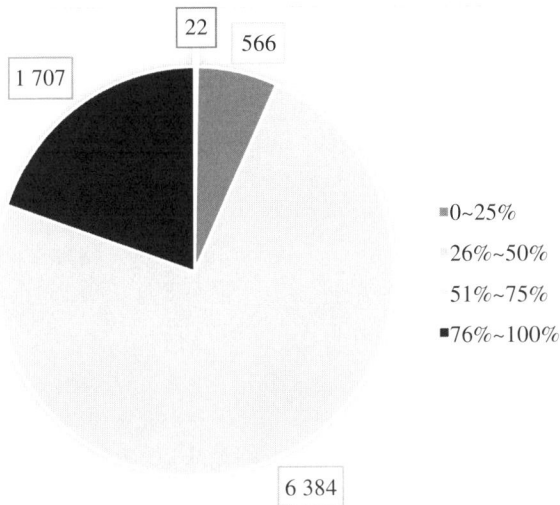

图4-2　个体观测值预测事件发生概率占比图

（五）Hosmer-Lemeshow检验

如结果所示，p值为0.1151，大于事先设定的显著性水平0.05，我们不能拒绝原假设。这表明在当前数据和模型设定下，没有足够的证据证明观察值与模型预测值之间存在显著差异，也就意味着模型对数据的拟合效果较好，模型所设定的变量关系能够合理地解释实际数据情况。具体检验结果见表4-10。

表4-10 检验结果

Number of observations=8 679
Number of groups=10
Hosmer－Lemeshowchi2（8）=12.91
Prob>chi2=0.1151

第五章 我国医养结合养老服务业发展水平测度

第一节 指标体系构建

本章基于前文的研究，从医养结合养老服务的供给和需求出发构建医养结合养老服务综合评价指标体系，测度31个省（自治区、直辖市）2013—2022年医养结合养老服务发展水平。通过对相关文献的查阅和梳理，从供给角度出发选择养老服务水平、医疗服务水平、医药制造业发展水平3个维度，从需求角度出发选择医养结合养老服务需求、医保养老保险发展水平总计5个维度选择指标展开综合测度。

一、养老服务水平维度

医养结合养老服务作为一种将医疗资源和养老资源深度结合的新型养老模式，养老服务水平的发展对于医养结合养老服务产业起着至关重要的作用。养老服务是指满足老年人生活照料、精神慰藉、文化娱乐、身体健康等各种需求的统称，随着我国新生人口数量的减少以及人均寿命的延长，人口老龄化进程逐渐加快，我国人口老龄化程度越来越严重。截至2024年年末，60岁及以上老年人口已达3.1亿人，占总人口的22.0%，65岁及以上人口占比15.6%。这标志着我国只用了26年就从轻度老龄化过渡到深度老龄化，而这一进程美国用了60年，相对而言，我国老龄化速度较快，医疗和养老服务需求迫切。[①]养老服务水平作为医养结合养老服务发展的底层支撑架构，其服务能力直接决定了医疗资源与养老需求的融合效率，故本书选择养老服务水平作为测算医养结合养老服务发展程度的维度之一。基于前文波特钻石模型和灰色关联系统分析模型得出，以养老机构床位数、助理社会工作师人数为代表的基础设施要素和人力资源要素与养老服务供给水平的关联程度最大，因此选取养老机构数、养老机构床位数和助理社会工作师人数作为衡量养老服务供给水平的三级指标。

二、医疗服务水平维度

医养结合养老服务的核心目标之一是为老年人提供全面的健康保障。医疗服务在疾病诊断与治疗、保健服务、康复服务等各方面促进个体的身体健康，可以直接为老年人提供全面的健康保障，从而有效地满足老年人的医疗需求，是医养结合养老服务体系的核心支撑之一。[②]随着人口老龄化程度的加深，医疗服务的需求结构也在发生改变，首先是需求数量的增加需要占用更多的医疗资源，医疗需求已十分迫切；其次是随着人均收入水平的提高、老龄化程度的加重，医疗服务从单一的疾病治疗服务逐渐向涵盖了康复和护理等多元化的服务转变，促进了医养结合新型养老模式的发展。医疗资源和养老资源的动态匹配度决定了医养结合养老服务体系的效能，故本书选择医疗服务水平为测算医养结合养老服务发展综合得分的维度之一。结合上文养老服务水平维度的测度指标，选取医疗机构卫生人员数、医疗机构数和医疗机构床位数作为衡量医疗服务水平的三级

---

① 王耀增，段利利. 金融体系应对人口结构老龄化的供给策略 [J]. 清华金融评论，2021（5）：69-73.

② 陈坤，李士雪. 医养结合养老服务模式可行性、难点及对策研究 [J]. 贵州社会科学，2018（4）：65-70.

指标。

三、医药制造业发展水平维度

医药制造业是医养结合养老服务的相关产业之一，为医养结合养老服务提供物质基础，《"十四五"医药工业发展规划》中明确提出"医药-养老产业协同创新工程"，要求2025年实现老年疾病防治药物供给保障率超过95%，稳定的药品供应是实现医养结合养老服务高质量发展的关键。随着人口老龄化的加剧，老年人对医疗服务的需求大幅增加，医药制造业的发展为满足老年人多样化的医疗需求、缓解医疗资源紧张的局面提供了有力支撑。同时，医药制造业的发展也面临一系列挑战，由于医疗需求的不断增加，医保资金面临收支不平衡的压力。随着老年人口的持续增长以及人们对健康养老的重视程度不断提高，医药制造业的市场需求还将进一步扩大，结合上文波特钻石模型的分析，人力资源要素、基础设施要素以及资本要素是实现医药制造业等相关支撑性产业协同与整合发展的关键要素。这种协同发展模式有利于整合各方资源形成完整的产业链条，从而实现资源的优化配置和产业结构升级，更好地满足医养结合养老服务市场和老年人的多样化养老需求，故选择医药制造业发展水平作为衡量医养结合养老服务综合发展得分的维度之一。因此选取医药制造业企业数、医药制造业企业利润总额、医药制造业从业人数作为衡量医药制造业发展水平的三级指标。

四、医养结合养老服务需求水平维度

医养结合养老服务的需求包含健康状况方面的疾病治疗需求和康复护理等需求，生活照料方面的日常起居照料需求、特殊护理等需求，以及心理关怀方面的情感支持需求、社交活动等需求，这些需求明确了医养结合养老服务发展的方向，能够更好地优化服务的供给水平，是医养结合养老服务发展的重要驱动力。随着全球人口老龄化的加剧，老年人口数量不断增加，《第五次中国城乡老年人生活状况抽样调查基本数据公报》显示，2021年我国失能老年人约3 500万人，占老年人总体的11.6%，失能、半失能老人数量逐年增加，这使得对医养结合养老服务的需求更为迫切。故

本书选择医养需求水平作为衡量医养结合养老服务业发展水平的维度之一。由供需均衡理论可知，医养结合需求水平保持在一个相对合理状态的前提是供给和需求达到相对平衡的状态，供小于求时，会导致医养结合养老服务价格上升，从而抑制当前的实际需求水平；供大于求时，会导致医养结合服务价格下降，从而刺激需求增长，所以供需相对平衡时医养结合养老服务业才能实现可持续发展。故基于前文灰色关联供给模型排序结果和二元 Logit 回归模型的分析结果，选取与供给水平关联程度较高的人均可支配收入，以及显著影响医养结合养老服务需求的失能老人数和半失能老人数作为衡量医养需求水平维度的三级指标。

五、医保养老保险发展水平维度

医保养老保险主要是指与医养结合养老服务密切相关的医疗保险和养老保险，两者为医养结合养老服务的发展提供了资金保障，[①]扩大了养老服务供给能力，同时减轻了老年人医疗和养老的支付压力，增强了对医养结合养老服务的需求，是医养结合养老服务业发展的重要经济支撑。随着人口老龄化程度的加深，医保养老保险的发展增强了社会稳定性，同时为老年人的消费提供了经济保障，促进了老龄消费水平的提高，随着劳动人口比重的不断下降，医保养老保险的发展面临着收支不平衡的风险，可能会影响医养结合养老服务等公共服务领域的发展，故本书选择医保养老保险发展水平作为衡量医养结合养老服务业发展水平的维度之一。基于前文灰色关联系统和二元 Logit 回归模型的分析结果，选择关联程度较高的医疗保险参保人数，以及在 1% 显著性水平上显著影响医养结合养老服务需求的养老保险参保人数作为衡量医保养老保险发展水平的三级指标。

基于以上 5 个维度的分析，本书确定了测算我国医养结合养老服务发展水平的指标体系，共包括 5 个二级指标和 14 个三级指标，最终构建的医养结合养老服务业发展水平综合评价指标体系见表 5-1。

---

① 李长远. 医养结合养老服务的实践探索与推进策略——基于 3 个典型试点地区的观察 [J]. 西南金融，2022（2）：67-78.

表5-1　　　　医养结合养老服务业发展水平综合评价指标体系

一级指标	二级指标	三级指标	计量单位
医养结合养老服务业发展水平	X_1养老服务水平维度	X_{11}养老机构数	个
		X_{12}养老机构床位数	张
		X_{13}助理社会工作师人数	个
	X_2医疗服务水平维度	X_{21}医疗机构卫生人员数	个
		X_{22}医疗机构数	个
		X_{23}医疗机构床位数	张
	X_3医药制造业发展水平维度	X_{31}医药制造业企业数	个
		X_{32}医药制造业企业利润总额	亿元
		X_{33}医药制造业从业人数	个
	X_4医养需求水平维度	X_{41}人均可支配收入	元
		X_{42}失能老人数	个
		X_{43}半失能老人数	个
	X_5医保养老保险发展水平维度	X_{51}养老保险参保人数	万人
		X_{52}医疗保险参保人数	万人

第二节　描述性统计分析

一、数据来源

本书选取我国除港澳台地区外的31个省（自治区、直辖市）2013—2022年数据作为样本。相关指标来源于《中国统计年鉴》《中国民政统计年鉴》《中国高技术产业统计年鉴》《中国卫生和计划生育统计年鉴》《中国卫生健康统计年鉴》。由于国家未公布所以缺少医药制造业2017年的数据，因此本书采用插值法，计算前后两年的均值进行补充完善数据。

二、描述性统计分析

根据上述指标及相关数据，分析各个指标的描述性统计结果见表5-2。

表5-2　　　　　　　　变量的描述性统计

变量	变量含义	样本量	平均值	标准差	最小值	最大值
X_{11}	养老机构数	310	1 087.83	802.01	5	3 559
X_{12}	养老机构床位数	310	135 765.30	108 790.10	773	442 989
X_{13}	助理社会工作师人数	310	10 832.01	17 600.88	5	125 374
X_{21}	医疗机构卫生人员数	310	389 194.70	249 556.70	24 653	1 109 644
X_{22}	医疗机构数	310	32 261.90	22 604.90	4 231	90 194
X_{23}	医疗机构床位数	310	260 196.10	169 657.40	11 003	752 209
X_{31}	医药制造业企业数	310	250.76	201.32	8	896
X_{32}	医药制造业企业利润总额	310	110.49	161.10	−4.698 4	2 112
X_{33}	医药制造业从业人数	310	68 756.25	59 638.22	1 200	262 577
X_{41}	人均可支配收入	310	27 246.19	12 498.92	9 746.803	79 609.77
X_{42}	失能老人数	310	11 552.33	11 222.35	16	61 232
X_{43}	半失能老人数	310	16 437.40	13 470.35	22	66 426
X_{51}	养老保险参保人数	310	1 684.14	1 318.73	73.138 3	5 306.289
X_{52}	医疗保险参保人数	310	3 394.71	2 820.76	54.809 1	11 271.92

第三节　指标体系权重分配

基于表5-1构建的指标体系，本书对2013—2022年我国31个省（自治区、直辖市）医养结合养老服务业发展水平进行测度。主要利用Stata 17.0通过主成分分析确定各评价指标的具体权重，并将标准化后的指标值进行线性加权，计算得出我国医养结合养老服务业的综合发展水平。

一、指标正向化与标准化

由于本书研究的14个指标均为正向，所以无须正向化。由于不同特征通常具有不同的度量单位和量纲，为了消除不同量纲对数据分析的影响，所以进行数据标准化。将所有特征的值映射到相同的尺度上，确保各个特征对模型的贡献权重是一致的，从而可以提高模型稳定性。Z-score标准化是PCA中最常用的方法，通过将每个特征的均值设为0，标准差设为1，来确保每个特征在PCA中的权重相同。

计算方法如下：设原始数据为 X_{ij}，其中 $i=1$，2，$\cdots$，n（n 为样本数量），$j=1$，2，$\cdots$，p（p 为变量个数），标准化后的数据 Z_{ij} 为 $Z_{ij} = \dfrac{x_{ij} - \overline{x_j}}{s_j}$，

其中，$\overline{x_j} = \dfrac{1}{n}\sum_{i=1}^{n} x_{ij}$，$s_j = \sqrt{\dfrac{1}{n-1}} \sqrt{\sum_{i=1}^{n}(x_{ij} - \overline{x_j})^2}$。

二、适用条件分析

主成分分析法的适用前提是通过KMO检验和Bartlett球形检验，KMO检验通过比较变量间的简单相关系数和偏相关系数分析变量间的相关性，KMO数值越接近于1，变量间相关性越强，根据KMO检验度量标准，KMO值在0.5~1.0之间适合主成分分析，Bartlett球形检验旨在检验各个变量间是否独立，检验达到10%水平的统计显著性则说明变量间存在相关性，适合进行主成分分析（见表5-3）。本书的KMO值为0.875，Bartlett球形检验的显著性为0.000，通过检验表明适合主成分分析，因此适合运用主成分分析法进行降维。

表5-3 　　　　　　　　　KMO检验和Bartlett球形检验结果

KMO值		0.875
Bartlett球形检验	卡方检验	7 097.668
	自由度	91
	显著性	0.000

三、确定主成分个数

本书根据提取主成分的依据，即特征值大于1或者累计方差贡献率大于0.80来提取主成分，上述两者满足，说明主成分能以较少的信息损失对数据进行充分的概括。按照上述标准本书确定了2个主成分，累计方差贡献率为0.8156，2个主成分既满足特征值大于1同时累计方差贡献率大于0.80，表明提取的主成分保留了原始数据中的大部分信息，利用主成分分析法取得的效果较好。解释度方差表见表5-4。

表5-4　　　　　　　　　　　解释度方差表

主成分	特征值	相邻特征值差值	主成分贡献率	累计方差贡献率
Comp1	9.22005	7.02173	0.6586	0.6586
Comp2	2.19832	1.50756	0.1570	0.8156
Comp3	0.69076	0.08387	0.0493	0.8649
Comp4	0.60689	0.22689	0.0433	0.9083
Comp5	0.38000	0.13252	0.0271	0.9354
Comp6	0.24748	0.05448	0.0177	0.9531
Comp7	0.19300	0.01460	0.0138	0.9669
Comp8	0.17840	0.06661	0.0127	0.9796
Comp9	0.11178	0.05767	0.0080	0.9876
Comp10	0.05411	0.00717	0.0039	0.9915
Comp11	0.04694	0.01172	0.0034	0.9948
Comp12	0.03522	0.00720	0.0025	0.9974
Comp13	0.02802	0.01897	0.0020	0.9994
Comp14	0.00905	0.00000	0.0006	1.0000

通过绘制碎石图检验主成分保留个数的合理性。在图5-1中，高于特征值1这条水平线的点所对应的主成分通常被认为是最重要的，图形开始部分呈现急剧下降的陡坡，这代表前2个主成分对数据的方差解释能力强，包含了原始数据的大部分重要信息。

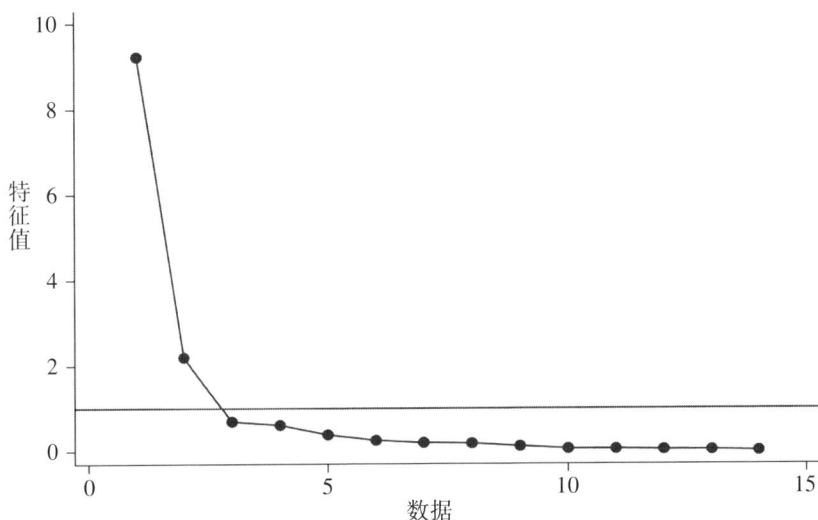

图5-1　因子后特征值的碎石图

四、计算主成分得分

主成分得分系数矩阵见表5-5。

表5-5　　　　　　　　　主成分得分系数矩阵

变量	主成分1	主成分2	变量	主成分1	主成分2
X_{11}	0.09468	−0.08809	X_{32}	0.06602	0.20893
X_{12}	0.10093	0.01518	X_{33}	0.09593	0.02569
X_{13}	0.06415	0.26465	X_{41}	0.03128	0.38900
X_{21}	0.10378	−0.06166	X_{42}	0.08555	0.20115
X_{22}	0.08299	−0.23416	X_{43}	0.09810	0.05527
X_{23}	0.10141	−0.12132	X_{51}	0.08355	−0.25178
X_{31}	0.10096	0.00745	X_{52}	0.09271	−0.03026

两个主成分的表达式如下：

$F_1=0.09468X_{11}+0.10093X_{12}+0.06415X_{13}+0.10378X_{21}+0.08299X_{22}$
$\qquad+0.10141X_{23}+0.10096X_{31}+0.06602X_{32}+0.09593X_{33}+0.03128X_{41}$
$\qquad+0.08555X_{42}+0.0981X_{43}+0.08355X_{51}+0.09271X_{52}$

$F_2=-0.08809X_{11}+0.01518X_{12}+0.26465X_{13}-0.06166X_{21}-0.23416X_{22}$
$\qquad-0.12132X_{23}+0.00745X_{31}+0.20893X_{32}+0.02569X_{33}+0.389X_{41}$
$\qquad+0.20115X_{42}+0.05527X_{43}-0.25178X_{51}-0.03026X_{52}$

以各主成分的方差贡献率为权重，可以得到综合得分表达式为：

$F=（0.6586×F_1+0.1570×F_2）/0.8156$

五、确定指标权重值

根据主成分及综合得分表达式进一步计算出各指标在综合得分中的系数矩阵为：

$D=[0.23839，0.24073，0.12170，0.25702，0.22823，0.25865，0.24177，$
$\qquad0.13306，0.22742，0.02741，0.18094，0.22900，0.23176，0.22657]$

对系数进行归一化处理，得到最终的指标权重矩阵为：

$W=[0.08386，0.08468，0.04281，0.09042，0.08029，0.09099，0.08505，$
$\qquad0.04681，0.08000，0.00964，0.06365，0.08056，0.08153，0.07970]$

医养结合养老服务业发展水平各指标权重值见表5-6。

表5-6　　　　　　医养结合养老服务业发展水平各指标权重

	二级指标	三级指标
医养结合养老服务业发展水平	X_1养老服务水平维度 0.21136	X_{11}养老机构数 0.08386
		X_{12}养老机构床位数 0.08468
		X_{13}助理社会工作师人数 0.04281
	X_2医疗服务水平维度 0.26170	X_{21}医疗机构卫生人员数 0.09042
		X_{22}医疗机构数 0.08029
		X_{23}医疗机构床位数 0.09099
	X_3医药制造业发展水平维度 0.21186	X_{31}医药制造业企业数 0.08505
		X_{32}医药制造业企业利润总额 0.04681
		X_{33}医药制造业从业人数 0.08000

续表

	二级指标	三级指标
医养结合养老服务业发展水平	X_4医养需求水平维度 0.15385	X_{41}人均可支配收入 0.00964
		X_{42}失能老人数 0.06365
		X_{43}半失能老人数 0.08056
	X_5医保养老保险发展水平维度 0.16123	X_{51}养老保险参保人数 0.08153
		X_{52}医疗保险参保人数 0.07970

第四节　发展水平测度

一、测度结果

根据上文计算得出的指标权重值，测算我国2013—2022年31个省（自治区、直辖市）医养结合养老服务业综合发展水平。

$$Y_{ij} = \sum_{k=1}^{14} Z_{ijk} W_k$$

式中：Y_{ij}为第i个省（自治区、直辖市）第j年的医养结合养老服务业发展水平；Z_{ijk}为标准化后的数据；W_k为相应的指标权重。具体结果见表5-7。

表5-7　　　　2013—2022年31个省（自治区、直辖市）

医养结合养老服务业综合发展水平

地区	省（自治区、直辖市）	2013年	2014年	2015年	2016年	2017年	2018年	2019年	2020年	2021年	2022年
东部	北京	0.949	1.087	1.168	1.248	1.370	1.447	1.561	1.580	2.764	1.707
	天津	0.512	0.567	0.579	0.651	0.661	0.693	0.759	0.799	0.860	0.859
	河北	1.125	1.188	1.172	1.326	1.465	1.580	1.778	2.011	2.172	2.235

续表

地区	省（自治区、直辖市）	2013年	2014年	2015年	2016年	2017年	2018年	2019年	2020年	2021年	2022年
东部	上海	1.128	1.215	1.304	1.422	1.498	1.556	1.703	1.775	1.873	1.842
	江苏	2.372	2.423	2.613	2.764	2.920	3.036	3.246	3.558	3.629	3.763
	浙江	1.578	1.729	1.641	1.784	1.967	2.177	2.388	2.725	2.986	3.260
	福建	0.588	0.571	0.612	0.650	0.766	0.813	0.952	1.103	1.322	1.405
	山东	2.346	2.300	2.518	2.660	2.639	2.717	2.937	3.231	3.556	3.743
	广东	1.736	1.939	2.077	2.297	2.432	2.600	2.812	3.119	3.333	3.519
	海南	0.158	0.183	0.188	0.202	0.224	0.258	0.287	0.317	0.347	0.356
中部	山西	0.492	0.544	0.546	0.540	0.611	0.642	0.699	0.760	0.880	0.895
	安徽	1.184	0.906	1.046	1.117	1.239	1.477	1.611	1.969	2.119	2.195
	江西	0.959	1.113	1.012	1.147	1.212	1.239	1.348	1.588	1.656	1.670
	河南	1.807	1.825	1.542	1.631	1.780	1.818	2.151	2.469	2.619	2.695
	湖北	1.327	1.488	1.479	1.546	1.660	1.716	1.855	1.957	2.128	2.179
	湖南	1.167	1.127	1.223	1.321	1.436	1.492	1.756	1.992	2.065	2.078
西部	内蒙古	0.471	0.549	0.554	0.588	0.658	0.667	0.706	0.731	0.773	0.806
	广西	0.606	0.597	0.631	0.678	0.797	0.827	0.894	0.977	1.037	1.104
	重庆	0.666	0.671	0.699	0.729	0.767	0.864	0.980	1.112	1.096	1.164
	四川	1.786	1.981	1.734	1.929	2.036	2.011	2.118	2.200	2.443	2.553
	贵州	0.497	0.396	0.532	0.585	0.606	0.733	0.771	0.811	0.845	0.857
	云南	0.508	0.525	0.525	0.590	0.722	0.755	0.851	0.932	1.012	1.067
	西藏	0.033	0.051	0.072	0.051	0.074	0.132	0.168	0.207	0.191	0.209
	陕西	0.686	0.751	0.753	0.816	0.877	0.973	1.083	1.125	1.177	1.191
	甘肃	0.296	0.319	0.335	0.329	0.399	0.417	0.468	0.485	0.558	0.574

续表

地区	省（自治区、直辖市）	2013年	2014年	2015年	2016年	2017年	2018年	2019年	2020年	2021年	2022年
西部	青海	0.106	0.124	0.108	0.120	0.152	0.165	0.186	0.200	0.222	0.228
	宁夏	0.105	0.135	0.155	0.171	0.191	0.210	0.235	0.264	0.297	0.320
	新疆	0.308	0.361	0.347	0.367	0.412	0.463	0.504	0.535	0.575	0.605
东北	辽宁	1.029	1.069	1.061	1.063	1.133	1.293	1.366	1.412	1.506	1.555
	吉林	0.781	0.851	0.863	1.109	1.015	0.990	1.149	1.182	1.234	1.238
	黑龙江	0.620	0.739	0.717	0.744	0.829	0.855	0.907	0.952	1.058	1.094

二、测度评价

（一）医养结合养老服务业发展水平纵向评价

根据表5-7计算2013—2022年我国医养结合养老服务业发展水平平均值，并绘制2013—2022年医养结合养老服务业发展水平时序变化图（如图5-2所示）。

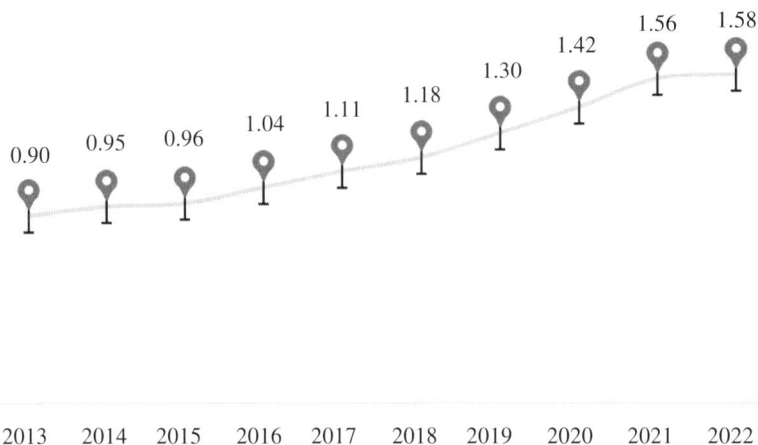

| 2013 | 2014 | 2015 | 2016 | 2017 | 2018 | 2019 | 2020 | 2021 | 2022 年份 |

图5-2　2013—2022年医养结合养老服务业发展水平时序变化图

由图5-2可知，2013—2022年我国医养结合养老服务业发展水平平均值从0.90到1.58，整体具有上升趋势，除了2021—2022年由于受到疫情的影响，增长幅度仅为1.28%，其余年份增长幅度稳定，表明目前我国医养结合养老服务业发展状况良好，拥有较大的发展潜力。2022年，我国31个省（自治区、直辖市）的医养结合养老服务业综合发展水平得分平均值为1.58，较2013年增长75.56%，年均增长率达到8.4%。

2013—2022年，我国东部、中部、西部及东北部医养结合养老服务业平均发展水平分别为1.7156、1.4624、0.6774、1.0471，东部地区得分是西部地区的2.53倍。到2022年，西部地区医养结合养老服务业平均发展水平为0.8898，东部地区的平均发展水平为2.2691，东部地区是西部地区的2.55倍，医养结合养老服务业发展水平存在较大的区域性差异。如何加速医养结合养老服务业发展进程、缩小区域间医养结合养老服务业发展的差距，成为我国推动医养结合养老服务业高质量发展亟须解决的问题。

（二）医养结合养老服务业发展水平横向评价

我国医养结合养老服务发展过程是相对的、动态的，以纵向分析的方式能够说明2013—2022年国内医养结合养老服务业发展的总体走势，而根据横向分析可以找出区域间医养结合养老服务业发展水平存在的差异。结合计算出的医养结合养老服务业综合得分，本书选取2013年和2022年的数据展开分析。

我国医养结合养老服务业的发展具有明显的区域差异，且有一定的空间集聚性。2013年，位于东部的江苏、广东和山东，位于中部的河南以及位于西部的四川5个地区综合发展水平排名靠前，2013年为医养结合萌芽时期，测度结果显示，这五个地区有较好的建设基础。2022年，东部的江苏、广东和山东排名依旧靠前，这得益于地方政府对医养结合养老服务业的政策支持力度。2018年2月，山东省被列为全国首个医养结合示范省，医养结合养老服务机构的数量占全国的12%以上，同时省级政府每年列支养老服务业专项资金为医养结合的发展提供资金扶持，这一定程度上反映了医养结合养老服务业发展水平与当地财政支持政策之间具有高度的一致性。

与2013年相比，湖北、湖南、安徽以及浙江排名没有很大变化，四川和河南横向得分逐年提高，纵向得分排名上升，陕西和广西2022年的排名相较于2013年有所下降，吉林和黑龙江排名也下降了。分区域来看，东部地区的医养结合养老服务业发展水平显著高于其他地区，中部次之，西部地区医养结合养老服务业发展水平有待提高。此外，作为老龄化程度最严重的东北地区，排名有所下降，吉林和黑龙江的医养结合养老服务业发展水平不高。各地区排名差异比较大，存在区域发展不平衡的问题。东部地区应保持原有优势，继续发展医养结合养老服务业相关产业，创新养老服务模式；对于西部、东北地区来说，政府有关部门需合理调动资源，结合自身优势，出台相关政策，力争带动医养结合养老服务业发展，加大产业投入。同时，像四川这种西部地区医养结合养老服务业发展最好的省份，应带动周边省市共同发展，为周边省市提供发展医养结合养老服务业的经验。

第六章 财税政策对医养结合养老服务业
发展影响的实证分析

医养结合是积极应对人口老龄化的重要手段，也是我国养老服务业实现高质量发展的必由之路。基于第五章测度的医养结合养老服务水平综合得分，以及根据第三章的政策文本分析结果得出的我国为应对人口老龄化所采用的财税政策工具类型，本章将利用2013—2022年我国31个省（自治区、直辖市）的相关数据，采用平衡面板数据分析方法，通过建立双向固定效应模型，实证分析财税政策对医养结合养老服务业发展的影响。

第一节　变量选取及样本来源

本章研究的是财税支持政策与医养结合养老服务业发展水平二者之间的关系，在第三章已经探讨过，财税政策应用于养老服务业的具体工具类型共5种，分别是税收优惠、政府补贴、财政投资、政府购买以及非税收优惠，考虑到数据缺失以及指标间的关联性，本章选取其中的4种工具，从"财"和"税"两个角度研究财税政策对医养结合养老服务业发展的影响程度。

一、模型变量的选取

（一）被解释变量

之前的研究大多是从众多指标中选出一些具有代表性的指标来衡量养老服务业的发展水平，为更好地分析财税政策对医养结合养老服务业发展的影响，本章选取第五章中对2013—2022年我国31个省（自治区、直辖市）的医养结合养老服务业发展水平的测度结果作为被解释变量。[①]

（二）解释变量

本章选取我国对医养结合养老服务业的财税支持政策中的财政投资、财政补贴、政府购买以及税收优惠这四种工具，按照资金来源可以分为两大类：一类是我国民政部门所列支的社会服务事业费支出；另一类是我国统计部门所列支的税收情况。民政部作为养老服务体系建设的统筹管理部门，通过中央彩票公益金专项支持社会服务发展，该项资金重点投向老年福利机构建设及惠老惠民直接补助项目，构成养老保障体系的核心财政支持机制。因此本书选取财政支持为解释变量1，以社会服务事业费支出中的老年人福利支出来衡量政府对医养结合养老服务业的财政支持程度。[②]税收优惠从多方面对医养结合养老服务业的发展产生影响。从需求角度看，个人税负减少，会有更多的钱投资偏好的商品，同时企业税负下降，会导致相关产品与服务价格下降，而其他商品价格不变，消费者就会增加养老服务需求替代其他商品需求，从而推动医养结合养老服务业发展。从供给角度看，企业税负减少，在一定程度上有利于企业加大供给力度，增强产品创新能力和社会投资者的信心，进而对医养结合养老服务业发展产生积极影响。因此，本书选取税收负担为解释变量2，来衡量税收对医养

①　刘春芝，时晨晨. 人口老龄化背景下我国医养结合的财税支持政策 [J]. 沈阳师范大学学报（社会科学版），2024，48（4）：61-69.

②　付诚，韩佳均. 医养结合养老服务业发展对策研究 [J]. 经济纵横，2018（1）：28-35.

结合养老服务业发展的影响。[①]

（三）控制变量

医养结合养老服务业的发展与市场需求和劳动力市场供给有密切的联系，城乡收入差距可以反映地区居民的支付能力和经济实力，这一指标直接影响老年人及其家庭对医养结合养老服务的购买力。城镇化水平可以反映医养结合养老服务消费市场的潜力，揭示潜在需求。老年人口抚养比会对医养结合养老服务供给市场产生影响，也直接影响医养结合养老服务人员供给的数量。教育水平影响着医养结合养老服务人员供给的质量和创新能力。所以，本书从经济实力、人口结构、城镇人口比重以及受教育情况四个维度出发，分别选取城乡收入差距、老年人口抚养比、城镇化水平以及教育水平四个指标作为控制变量。具体变量含义及说明见表6-1。

表6-1　　　　　　　　　　　　变量含义及说明

变量属性	变量名称	变量符号	变量定义
被解释变量	医养结合养老服务业发展水平	Y	第五章测算出的我国医养结合养老服务业发展水平得分
解释变量	财政支持	FS	老年人福利支出
	税收负担	TB	税收负担=税收收入÷国内生产总值
控制变量	城乡收入差距	URG	城乡收入差距=城镇居民人均可支配收入÷农村居民人均可支配收入
	老年人口抚养比	EDR	65岁及以上人口数量÷15~64岁人口数量
	城镇化水平	URL	城镇人口比重
	教育水平	Edu	大专及以上学历人口数

---

① 刘春芝，时晨晨. 人口老龄化背景下我国医养结合的财税支持政策 [J]. 沈阳师范大学学报（社会科学版），2024，48（4）：61-69.

二、样本来源

本书的核心解释变量 1 数据来源于 2013—2022 年的《中国民政统计年鉴》，核心解释变量 2 的测算数据来源于 2013—2022 年的《中国统计年鉴》；被解释变量数据来自第五章测算出的 2013—2022 年我国 31 个省（自治区、直辖市）的医养结合养老服务业发展水平得分；控制变量数据则来源于《中国统计年鉴》。

第二节　模型构建与数据分析

根据第二章对影响机制的分析，我国政府通过财政投资、财政补贴、政府购买及税收优惠等方式，对医养结合养老服务业市场的供给和需求造成影响。在此进一步展开财税政策对医养结合养老服务业发展的影响的实证分析，通过合理的检验，构建适合本书的面板数据模型，并对两个解释变量分别进行回归，利用相关回归结果实证分析财税政策对我国医养结合养老服务业发展的影响。

一、实证模型的构建

本书构建省级平衡面板数据，分析财税政策对医养结合养老服务业发展的影响。由于面板数据的回归模型分为固定效应模型、随机效应模型以及混合效应模型，为了选择适合本书的模型需要进行 F 检验和 Hausman 检验，F 检验结果显示 p 值为 0，说明本书选择固定效应模型优于混合效应模型，Hausman 检验结果显示拒绝原假设，说明固定效应模型优于随机效应模型。因此，本书选择构建同时控制省（自治区、直辖市）和年份的双向固定效应模型。模型检验结果下文会详细说明。双向固定效应模型构建如下：

$$Y_{i,t} = \alpha + \mu_i + \omega_t + \beta_0 \ln FS_{it} + \beta_1 URG_{it} + \beta_2 EDR_{it} + \beta_3 URL_{it} + \beta_4 Edu_{it} + \varepsilon_{it} \quad (6-1)$$

$$Y_{i,t} = \alpha + \mu_i + \omega_t + \beta_0 TB_{it} + \beta_1 URG_{it} + \beta_2 EDR_{it} + \beta_3 URL_{it} + \beta_4 Edu_{it} + \varepsilon_{it} \quad (6-2)$$

式中：模型1的主要解释变量是财政支持，模型2的主要解释变量是税收负担，i 表示地区，t 表示时间，t=2013，2014，2015，…，2022，$Y_{i,t}$ 代表被解释变量，α 表示常数项，μ_i 表示个体固定效应，ω_t 表示时间固定效应，β_0 表示解释变量的系数，β_n，n=1，2，3，4，表示控制变量的估计系数，ε_{it} 为随机扰动项。为了使数据平稳可靠，对财政支持（FS）取自然对数。

二、描述性统计分析

变量描述性统计分析情况见表6-2。

表6-2 变量描述性统计分析表

变量属性	变量名称	变量符号	样本量	平均值	标准差	最小值	最大值
被解释变量	医养结合养老服务业发展水平	Y	310	1.2	0.830131	0.032781	3.76348
解释变量	财政支持取对数	$\ln FS$	310	10.77	1.29	6.44	13.74
	税收负担	TB	310	0.08	0.03	0.04	0.20
控制变量	城乡收入差距	URG	310	2.52	0.36	1.83	3.56
	老年人口抚养比	EDR	310	16.06	4.57	7.01	28.77
	城镇化水平	URL	310	60.44	12.36	23.93	89.60
	教育水平	Edu	310	5 515.55	3 964.64	55.00	25 508.00

三、数据相关性分析

（一）相关性检验

数据相关性分析可以初步判断变量之间的相关关系，可以衡量变量之间有无相关性以及相关的显著程度，本书运用Stata 17.0对数据进行相关性分析。解释变量财政支持与被解释变量医养结合养老服务业发展水平在1%的显著性水平上呈现明显的正相关关系，相关系数为0.636，初步验证了解释变量财政支持与被解释变量存在明显的相关关系，且初步判断变量之间不存在多重共线性问题。相关性分析结果见表6-3。

表6-3　　　　　　　　　　　相关性分析表1

	Y	$\ln FS$	URG	EDR	URL	Edu
Y	1.000					
$\ln FS$	0.636***	1.000				
URG	−0.472***	−0.293***	1.000			
EDR	0.569***	0.523***	−0.444***	1.000		
URL	0.362***	0.469***	−0.584***	0.381***	1.000	
Edu	0.916***	0.622***	−0.396***	0.549***	0.409***	1.000

注：*表示 $p<0.1$，**表示 $p<0.05$，***表示 $p<0.01$。

进一步判断解释变量税收负担与被解释变量医养结合养老服务业发展水平的相关关系。解释变量税收负担与被解释变量医养结合养老服务业发展水平在10%的显著性水平上呈现明显的负相关关系，相关系数为−0.096。通过验证相关性，使得下一步的分析结果更加可靠。相关性分析结果见表6-4。

表6-4　　　　　　　　　　　相关性分析表2

	Y	TB	URG	EDR	URL	Edu
Y	1.000					
TB	−0.096*	1.000				
URG	−0.472***	−0.013	1.000			
EDR	0.569***	−0.224***	−0.444***	1.000		
URL	0.362***	0.476***	−0.584***	0.381***	1.000	
Edu	0.916***	−0.072	−0.396***	0.549***	0.409***	1.000

注：*表示 $p<0.1$，**表示 $p<0.05$，***表示 $p<0.01$。

（二）多重共线性检验

为了保证估计结果的稳定性，增强模型的解释能力，本书进一步检查变量间是否存在高度相关关系，选择的是较为常用的方差膨胀因子（VIF）检验。通过计算自变量的方差膨胀程度评估自变量之间的共线性，如果 VIF 值大于 10，通常被认为存在严重的多重共线性问题。本书的两个模型中自变量的方差膨胀因子均小于 10，通过多重共线性检验，变量间不存在多重共线性问题，使下一步的实证分析更加可靠（见表6-5）。

表6-5 多重共线性检验结果

变量	*VIF*	*1/VIF*	变量	*VIF*	*1/VIF*
ln*FS*	1.950	0.513	*URL*	2.840	0.352
Edu	1.910	0.524	*TB*	1.880	0.531
URL	1.780	0.562	*EDR*	1.820	0.550
URG	1.720	0.581	*URG*	1.800	0.556
EDR	1.690	0.591	*Edu*	1.570	0.639
Mean *VIF*	1.810		Mean *VIF*	1.980	

（三）Hausman 检验

Hausman 检验通常被用来判断面板数据回归应该使用固定效应模型还是随机效应模型，其原假设为两个模型的估计是一致的，即两个模型的估计参数无偏且一致，如果 Hausman 检验结果拒绝原假设，即 p 值小于 0.05，则选用固定效应模型；否则选用随机效应模型。当解释变量为财政支持时，Hausman 检验结果显示在 1% 的显著性水平上拒绝原假设，建立固定效应模型更为合理。当解释变量为税收负担时，Hausman 检验结果的 p 值为 0.0000，表示在 1% 的显著性水平上拒绝原假设，建立固定效应模型更为合理，进一步说明了本书模型构建的准确性。Hausman 检验结果见表6-6。

表6-6 Hausman检验结果

被解释变量	医养结合养老服务业发展水平	
解释变量	财政支持	税收负担
Hausma 检验结果	*chi2*（4）=64.44, *Prob>chi2*= 0.0000	*chi2*（4）=81.37, *Prob>chi2*= 0.0000

四、回归分析

本书通过 F 检验和 Hausman 检验确定了面板数据最适合的模型为固定效应模型，回归结果见表6-7。

表6-7　　　　　　　　　固定效应回归结果

模型	（1）	模型	（2）
变量	Y	变量	Y
lnFS	0.026***	TB	−2.086***
	(0.010)		(0.778)
URG	0.532***	URG	0.601***
	(0.122)		(0.124)
EDR	0.029***	EDR	0.031***
	(0.004)		(0.004)
URL	0.018***	URL	0.019***
	(0.004)		(0.004)
Edu	0.000***	Edu	0.000***
	(0.000)		(0.000)
_$cons$	−2.425***	_$cons$	−2.236***
	(0.489)		(0.489)
N	310.000	N	310.000
R^2	0.834	R^2	0.834
$year$	Yes	$year$	Yes
$country$	Yes	$country$	Yes

注：*表示$p<0.1$，**表示$p<0.05$，***表示$p<0.01$。

根据回归结果可知，财政支持（lnFS）对医养结合养老服务业发展水平（Y）的影响在1%的显著性水平下显著为正，系数为0.026，说明增加财政投入，加大老年人福利支出力度对扩大医养结合养老服务业规模、提升医养结合养老服务质量有促进作用。税收负担（TB）对医养结合养老服务业发展水平（Y）的影响在1%的显著性水平下显著为负，系数为 −2.086，说明税收负担的降低能大幅促进医养结合养老服务业的发展。所以，我国应根据医养结合养老服务业区域发展不平衡的特点，持续稳步出台有关医养结合养老服务业的相关扶持政策，加大财政投资力度，降低税收负担，给予医养结合养老服务业欠发展地区更大的推动力。

在本模型中，控制变量城乡收入差距与医养结合养老服务业发展水平在1%的显著性水平下显著正相关，在一定程度上促进了医养结合养老服务业的发展。本书在大量阅读研究相关文献的基础上，参考吕阳（2019）的研究成果，得到了相似的结论，认为这可能是由于城市居民收入普遍高于农村居民，因此城市居民在养老服务上有更多的可支配资金，对医养结合养老服务的接受度和支付能力相对较高，同时城市居民的养老观念也会向着新型养老模式转变，从而推动城市医养结合养老服务业的发展。我国经济发展本身存在城乡差距大的问题，农村地区由于资源匮乏很难吸引专业的人才以及社会资本投资建设医养结合养老服务机构，这在一定程度上限制了医养结合养老服务业的发展，所以农村人口老龄化问题的解决依赖于资源的倾斜，政府需要加大对农村地区的政策扶持力度，引入社会资本，缩小城乡差距，大力发展农村医养结合养老服务业。

控制变量城镇化水平在1%的显著性水平下显著为正，这表明城镇化水平越高的地区医养结合养老服务业发展水平越高。随着城镇化水平的提高，越来越多的人选择前往城市发展，老年人口不断增加，医养结合养老服务需求也在不断增加。在资本、技术、人才等要素向城镇聚集的现状下，应加大医养结合养老服务业的投资回报率，从而提升社会资本参与度，扩大医养结合养老服务规模，形成多元化、多业态的新型智慧养老产业体系。

控制变量老年人口抚养比在1%的显著性水平下显著为正，表明社会中老年人数量相对于劳动人口数量较大，反映了地区的老龄化程度，老龄化程度越高，老年人对医疗和养老的需求越大，进而扩大医养结合养老服务市场规模。

控制变量教育水平在1%的显著性水平下对医养结合养老服务业发展水平有影响，但是系数接近于0，表明影响力度不大。这可能是由于当前较高的教育水平虽有助于培养更多的医疗和养老服务人才，但是我国养老护理员呈现出极大缺口的现状，明显反映出医养结合养老服务业的行业吸引力低、社会认可度不高，高学历人才不愿意从事该行业，反映了当前大力培养医养结合养老护理人才的迫切性。[①]

五、稳健性检验

为了增强财税政策促进医养结合养老服务业发展实证分析的稳健性和可靠性，本书借鉴前人的经验做法，主要采取更换被解释变量的检验方法。由于在第五章测度我国医养结合养老水平时，计算了14项衡量指标的权重值，其中医疗机构床位数被赋予的权重值最大，说明医疗机构床位数也在很大程度上反映了医养结合养老服务业的发展情况，所以本书采用《中国民政统计年鉴》中2013—2022年医疗机构床位数（NBM）替代原回归模型中的被解释变量医养结合养老服务业发展水平（Y）。为了保证估计模型的准确性，将其取对数处理。稳健性检验结果见表6-8。

表6-8　　　　　　　　　　　稳健性检验结果

模型	（3）	模型	（4）
变量	lnNBM	变量	lnNBM
lnFS	0.016***	TB	-1.418***
	(0.004)		(0.293)
URG	-0.020	URG	0.026
	(0.046)		(0.047)
EDR	0.004**	EDR	0.005***
	(0.002)		(0.002)
URL	0.032***	URL	0.032***
	(0.002)		(0.001)

[①] 步达，徐蕴，陈明，等. 协同理论视域下的养老护理人才培养：现实困境、理论依据与实践路径 ［J］. 中国卫生事业管理，2022，39（9）：695-698；703.

模型	(3)	模型	(4)
变量	ln*NBM*	变量	ln*NBM*
Edu	0.000***	*Edu*	0.000**
	(0.000)		(0.000)
_cons	10.052***	_cons	10.176***
	(0.186)		(0.185)
N	310.000	*N*	310.000
R^2	0.910	R^2	0.911
year	Yes	*year*	Yes
country	Yes	*country*	Yes

注：*表示 $p<0.1$，**表示 $p<0.05$，***表示 $p<0.01$。

由稳健性检验结果可知，财政支持（ln*FS*）对医疗机构床位数（ln*NBM*）的影响在1%的显著性水平下显著为正，系数为0.016，说明财政投入对医养结合养老服务业的发展有明显的促进作用。更换完被解释变量后的回归结果仍与前文保持一致，且结果非常显著，证明了财政支持促进医养结合养老服务业发展实证结论的可靠性，即政府应当合理进行财政支持，完善当前财政政策以达到促进医养结合养老服务高质量发展的效果。[1]税收负担（*TB*）对医疗机构床位数（ln*NBM*）的影响在1%的显著性水平下显著为负，系数为-1.418，说明税收负担对医养结合养老服务业的发展有明显的抑制作用，更换完被解释变量后的回归结果同样与前文保持一致，且结果非常显著，证明了减少税收负担会促进医养结合养老服务业发展实证结论的可靠性，即政府应合理运用减税降费等手段，基于当前我国医养结合养老服务业发展现状从收支两条线出发积极引导"医""养"两个行为主体进行实质性合作，为医养结合的发展提供制度保障。[2]

① 刘春芝，时晨晨. 人口老龄化背景下我国医养结合的财税支持政策 [J]. 沈阳师范大学学报（社会科学版），2024，48（4）：61-69.

② 步达，徐蕴，陈明，等. 协同理论视域下的养老护理人才培养：现实困境、理论依据与实践路径 [J]. 中国卫生事业管理，2022，39（9）：695-698；703.

第七章　发达国家医养结合养老服务业
财税政策与经验借鉴

　　人口老龄化作为一个全球性问题，全球许多国家都面临着生育率下降、老年人口比例不断上升以及适龄劳动人口比例下降的问题。发达国家大多较早进入老龄化社会，其在应对人口老龄化方面有更长的应对历史；并且，发达国家应对人口老龄化的政策经过多年的调整和完善，具有较高的参考价值。本书考虑到各国为应对人口老龄化所采取举措的多样性，分析了美国、英国、日本以及德国的医养结合养老服务业财税政策，为本书提供实用性案例的同时，有助于深入了解不同经济背景下的适用政策，对我国应对人口老龄化挑战、完善医养结合养老服务业财税政策具有重要意义。

第一节　美国医养结合养老服务业财税政策

　　美国的养老模式主要有6种：
　　一是独立生活社区养老（Independent Living Communities）。该种模式属于不含医疗护理服务的养老，主要面向健康且生活能够自理的老年人，为其提供独立的生活空间和丰富的社交活动。

二是辅助生活机构养老（Assisted Living Facilities，ALF）。该种模式主要面向日常生活不能自理、需要协助的老年人，该种模式所能够提供的医疗护理非常有限。

三是护理院（Nursing Homes）。该种模式面向失能老年人提供24小时护理服务。

四是持续照料退休社区（Continuing Care Retirement Communities，CCRC）。其主要为退休老年人提供持续性照料服务，按照自理程度及自身需要分为独立生活、协助生活以及专业护理等多个等级，老年人可获得针对自身随年龄增长而产生的差异化养老服务，包括居住、生活服务与健康护理服务。CCRC作为集居住生活、休闲娱乐、康养护理等多种功能于一体的养老社区，可视为介于养老院、护理院养老模式与居家养老模式之间的一种"复合化"养老模式，能够充分适应各年龄段养老需求，提供"在熟悉的环境中养老"的高品质养老选择，[①]具有极大的发展潜力。

五是居家和社区照护（Home and Community-Based Services，HCBS）。该种模式主要涉及基础的医疗服务。

六是老年人全包护理计划（Program of All-Inclusive Care for the Elderly，PACE）。其整合了医疗资源和养老资源，是美国典型的医养结合养老模式。

一、美国PACE养老服务体系

美国PACE养老模式面向被州政府认定为需要护理院级别的照护（如失能、慢性病等），通过社区支持可以独立生活的55岁及以上老年人提供一站式服务，涵盖医疗护理、康复与治疗、生活支持及长期护理等服务，每位参与者都配有一个跨学科团队，包括医生、护士、康复师、社工、营养师等，定期评估老年人需求，制订个性化护理计划。该养老模式的雏形始于1971年的旧金山，当地华裔老年人因语言障碍以及文化差异等问题难以适应主流的养老服务体系，社区自发成立了一个名为

---

① 高美林，栾佳蔚，马红燕，等. 持续照料退休社区（CCRC）运营成本及风险研究——以武汉市"合众优年生活持续健康退休社区"为例［J］. 中国市场，2015（16）：88-91.

"OnLok"的非营利组织，旨在为社区老年人提供医疗、生活照护以及文化娱乐等服务，此时的资金来源主要是慈善组织、社区筹款和象征性缴费项目。1983年美国医疗保险将其纳入示范项目，确定了PACE的核心模式，即整合医疗资源和长期护理、按人头付费和以社区为中心的服务，政府按符合条件的参与者人数向PACE机构预付固定费用，出资方是联邦医疗保险（Medicare）和州医疗补助（Medicaid）[①]，前者主要支付医疗护理费用，后者支付长期护理服务费用，符合州医疗补助的低收入者无须额外付费。1997年美国通过《平衡预算法案》开始向全国推广，联邦医疗保险支付55%的费用，州政府补助支付45%的费用，形成了公共医保主导、个人补充的混合支付体系，实现了对低收入失能老人的普惠覆盖。

二、美国PACE养老服务体系的财税政策经验

美国PACE养老服务体系逐渐完善，其发展重点在于政府与市场的协同合作，创新设计财税政策，通过多层次的财税政策支持，以公共资金主导、税收优惠激励和风险调节机制等方式，有效促进医养结合养老服务业的可持续发展。

（一）公共资金主导，多渠道整合

美国的PACE养老服务项目由联邦医疗保险和州医疗补助共同主导。

联邦医疗保险承担PACE成本的55%，覆盖门诊服务、住院治疗、急诊救治、处方药物、专科医生会诊、康复治疗等急性医疗支出，采用按人头预付制，根据参保人数固定年费，而非按照服务项目逐项报销，预付金额=基准费率×风险调整因子×地区成本系数。其中，基准费率逐年动态调整，2023年全国平均为5 800美元/人/月，风险调整因子根据参与者的健康风险评分动态调整，通常失能老年人、半失能老年人评分较高，预付费用也相对较高，同时每年复审重新评估老年人健康状况得分，动态调整预付费率，地区成本系数根据当地医疗资源价格水平逐年调整。联邦医疗

---

① 封铁英，南妍. 医养结合养老模式实践逻辑与路径再选择——基于全国养老服务业典型案例的分析［J］. 公共管理学报，2020，17（3）：113-125；173.

保险对PACE的补助政策实现了对医疗资源的高效利用，其经验表明，改革公共医保支付方式是推动医养结合养老服务体系发展的关键杠杆。

州医疗补助承担长期护理及社区支持费用，覆盖居家照护、康复服务、交通服务、日间护理中心运营等长期护理支出，通常承担PACE项目总成本的45%。医疗补助的资金由联邦政府和州政府共同承担，根据各州人均收入浮动划分各自应承担的比例，部分州会设立长期护理专项基金，用于补贴PACE机构。州政府按参与者人数向PACE机构支付固定月费，2023年为3 000~4 500美元/人/月。PACE机构承担全部超支风险，倒逼其增强预防能力，如定期检查老年人身体、合理进行老年人慢性病管理，以防大额支出导致住院率提高，增加成本，同时对患有多种慢性病的参与者以及居住在农村或者偏远地区的参与者上调预付费用，以减少机构入驻成本。数据显示，PACE人均月费用比传统护理院低15% ~ 25%。PACE养老项目将公共资金合二为一，打破了传统公共资金对"医疗"与"护理"的割裂支付，使得服务整合化、资源一体化，提高了资源使用效率。

（二）税收激励分担成本，个人阶梯化支付

首先，对于参与PACE项目的个人的税收优惠政策选用阶梯化支付方式，将参与者分为低收入群体和高收入群体。州医疗补助覆盖人群中的低收入者（收入低于联邦贫困线138%），不需要纳税和支付额外费用，完全由公共资金承担参与PACE项目的资金。中高收入者自付费用可纳入医疗支出税收抵扣，超过收入7.5%的部分可税前扣除[①]。对于高收入完全自费群体，可通过医疗储蓄账户或灵活支出账户使用税前收入支付费用，账户收益免税。若家庭成员为PACE参与者提供非正式护理服务，相关支出适用"赡养人税收抵免"政策，最高抵免额1 050美元，一定程度上缓解了家庭照护人员的经济压力。

其次，对于机构的税收优惠政策主要体现为对非营利性机构的免税政策，PACE机构多为非营利组织，享受企业所得税、财产税及房产税的免税待遇，在降低机构运营成本的同时能够使更多资金用于专项医养结合养

---

① 美国国税局（IRS）．医疗费用扣除（Itemized Deductions）［EB/OL］．［2025-03-20］．https://www.irs.gov/taxtopics/tc502.

老服务。在捐赠的税收抵扣激励政策方面，企业或个人向PACE机构捐赠，可在联邦所得税中抵扣最高60%的个人应纳税所得额或10%的企业应纳税所得额。①若通过遗嘱向PACE机构捐赠，捐赠部分可从遗产总额中扣除，降低遗产税税基。对机构的税收激励政策使PACE机构运营成本减少了15%~20%，同时扩大了机构的服务范围，提升了护理人员的工资，吸引了更多的社会资源，增强了行业吸引力。

最后，对于企业的税收优惠政策主要包括雇主支持员工养老的税收优惠政策和企业投资PACE项目的优惠政策。企业为参加PACE项目的员工支付的部分费用可作为员工福利成本，不超过员工收入25%的部分免征企业所得税。企业若在PACE项目所在社区进行投资，可申请"新市场税收抵免"，抵免额最高达投资额的39%，参加PACE机构旧项目改造的企业投资者可申请20%的联邦税收抵免。这一举措推动更多资本参与PACE项目建设，同时减轻了就业压力，提升了服务质量，其"多方共担、社会参与"的财税支持设计思路值得我们借鉴。

（三）动态风险调节，保障财政可持续性

首先，财政补贴动态调节机制的运行。政府的预付费用每年根据PACE项目参与者的身体健康状况（如失能程度、自理能力、慢性病的种类及数量）进行动态调整，避免机构因高失能人数过多而面临亏损，每5年对PACE项目的财政可持续性进行评估，动态调整预付费率和服务内容，确保机构财务的可持续性。部分州对服务质量达标的机构给予额外补贴，以"提质增效"为目标，激励机构提升运营效率，通过整合服务降低成本，内部协调联邦医疗保险和州医疗补助比例，避免重复补贴，同时对经济欠发达地区申请额外联邦补助，解决因服务成本高而支付不起的问题。

其次，强化重点财政投资领域。联邦政府通过"社区健康中心计划"为PACE项目提供一次性建设补贴及配套的低息贷款建设日间护理中心，专门拨款支持PACE团队的技能培训，部分州还提供职位薪资补贴，发展人才的同时创新技术与数据系统，建设信息化平台。联邦政府通过的《新

---

① 美国国税局（IRS）. 慈善捐献扣除（Charitable Donation Deduction）［EB/OL］.（2013-06-10）［2025-03-20］. https://www.irs.gov/zh-hans/charities-non-profits/charitable-organizations/charitable-contribution-deductions.

冠病毒援助、救济与经济安全法案》，提出为 PACE 机构配置远程监测设备，并提供 50% 的费用补贴，同时拨款支持电子健康记录（EHR）系统开发，实现联邦医疗保险与州医疗补助数据互通。

最后，联邦政府还设立"老龄化服务信托基金"，将部分医疗保险税收划入该基金，专用于 PACE 等长期护理项目。

第二节 英国医养结合养老服务业财税政策

英国的养老模式主要分为 4 种：

一是居家养老（Home Care），即老年人居住在自己家中，社区护士定期上门护理。

二是养老院（Residential Care Homes），即主要面向生活自理能力比较差的老年人提供住宿与基础生活照料服务，部分养老院会和医生合作，但更侧重于照护服务。

三是护理院（Nursing Homes），即主要面向失能及半失能老年人，由护士提供 24 小时看护服务，属于医疗主导型服务。

四是综合照护社区（Integrated Care Communities），即整合全科医生、护士、社工、康复师等，提供医疗、护理、康复、心理支持等一体化服务，最终实现医养护无缝衔接。这是英国典型的医养结合养老模式。

一、英国综合照护社区养老服务体系

英国综合照护社区养老服务模式主要面向 75 岁以上、患有多种慢性病及失能半失能老年人，旨在打破传统医疗、社会照护和社区支持破碎化局面，构建"医疗–护理–生活支持"一体化的养老服务体系。主要服务内容包括慢性病管理、远程医疗等医疗整合服务，居家改造、交通协助等社会支持服务，家庭培训、社交活动等心理健康服务。其费用构成分为三部分：一是国家医疗服务体系承担 60% 的支出；二是地方政府承担 30% 的支出；三是个人自付，个人自付部分按收入等级划分，低收入者免费，高收入者承担部分费用。英国综合照护社区养老模式源于 20 世纪末，在人口老龄化严重和国家医疗服务体系资金短缺的背景下，传统医疗模式已难以满足长期护理的需要，国家医疗相关部门开始强调整合服务以减少再入院率。1999 年开始试点但进程相对缓慢，2012 年《健康与社会保健法案》（Health and Social Care Act 2012）规定，创建由基层全科医生领导的卫生服务主要购买者，负责从临床需要出发代表居民和 NHS 患者购买服务的模式。2014 年发布《国民医疗保健体系五年战略》（NHS Five Year Forward View），提出整合初级医疗、社区服务和社会护理，形成"综合护理体系"。①2016 年，要求各区域制订整合医疗与社会服务的五年计划。2022 年《健康与护理法案》（Health and Care Act 2022）正式确立法律地位，要求设立多个综合照护社区负责健康、护理及医疗照护服务，通过跨部门协作提供连续性、个性化的健康与社会照护服务，尤其关注老年人和慢性病患者的需求，最终形成了以社区为基础、整合医疗与社会服务的健康服务体系。

二、英国综合照护社区养老服务体系的财税政策经验

英国综合照护社区养老服务体系通过多元筹资、税收激励、分层补贴等财税政策有效推进了医疗和养老服务的整合，显著提升了医养结合养老服务的效率。最值得我们借鉴的是英国综合照护社区的资源整合和风险共担机制，其致力于通过中央统筹与市场化手段破解地方财政约束。

（一）多元财政投入机制

英国综合照护社区的核心财政补贴主要分为四类：

一是国家医疗服务体系基于区域老龄化率和慢性病患病率，加权分配进行专项拨款，覆盖范围包括全科医生服务、药品、康复治疗和远程医疗设备采购等医疗相关支出。具体补贴方式为根据老年人资产与收入水平确定补贴比例，若资产小于等于 14 250 英镑，对于非医疗支出的项目进行全额补贴，若资产超过 23 250 英镑，则仅对医疗部分进行补贴，其余需要自

---

① 李琦，袁蓓蓓，何平，等. 英国"购买与提供分开"下的健康服务整合改革及启示 [J]. 中国卫生政策研究，2020，13（9）：22-26.

付。①风险分级补贴确保补贴精准流向低收入群体，避免了福利溢出，确保了基础医疗服务的可持续供给，激励综合照护社区主动管理老年人健康以减少住院需求从而降低运营成本。

二是地方政府社会照护补贴。地方政府通过提高商业税和房产税专项划拨标准来支付非医疗支持类服务，用于居家改造补贴、日间中心运营补贴及送餐补贴等。

三是中央转移支付制度。主要体现为健康与社会照护税的加征，自2022年起征收1.25%的国民保险附加税，②其中30%用于填补地方综合照护社区资金缺口；预计到2025年累计投入50亿英镑，使贫困地区综合照护社区资金覆盖率从55%提升至70%，在平衡区域间财政能力差异的同时确保了欠发达地区综合照护服务基础设施的改善。

四是绩效奖励资金投入。政府扮演养老服务的规划者、管理者和购买者角色。政府制定照顾法规，出资兴建社区照顾设施（如社区服务中心、社区老年公寓等），招募社区工作人员，通过市场化运作，由专业机构提供服务。政府对社区服务机构实行契约制管理，对申报机构有完整规范的工作管理和评估体系，机构评估合格才能获得政府相应的经费支持并进行运营。政府对运营机构人员培训、设施设备、服务标准、服务价格等进行定期检查，并安排工作人员监督，设置住院率降幅、家庭满意度、慢性病控制达标率等考核指标，推动服务质量提升与效率优化。

（二）税收优惠定向激励

英国综合照护社区的税收优惠政策通过定向减免激励多方参与，显著降低了医养结合养老服务成本并提升了质量。本书从三个方面分析英国综合照护社区养老服务体系的税收政策。

一是综合照护非营利社区的税收豁免政策。若综合照护社区注册为慈善组织则免征企业所得税，用于降低机构运营成本，从而将更多资金用于基础设施建设，提升服务质量。养老服务收费适用零增值税税率，采购医

① 杜鹃. 英国国民保健制度顽疾能否消除？［EB/OL］.（2022-05-26）［2025-03-20］. https://www.news.cn/globe/2022-05/26/c_1310594627.htm.

② 谢博韬. 英国首相公布计划拟加税应对医疗和社会保障危机［EB/OL］.（2021-09-09）［2025-03-20］. https://news.cctv.com/2021/09/09/ARTIcpkIdLuqxXyonddISvKw210909.shtml.

疗设备、适老化改造材料可申请增值税退税。增值税税收优惠政策降低了服务终端价格，提高了老年人支付能力。英国综合照护社区用于公益的房产可申请50%～100%的房产税减免，降低了场地租赁费用，鼓励综合照护社区扩大服务覆盖。

二是针对个人与家庭的税收支持政策。自费购买综合照护社区服务的部分，每年可抵扣最高1 000英镑的个人所得税，[①]这起到了减轻中产阶级家庭负担、激励使用正规养老服务的作用。若向英国综合照护社区捐赠遗产，可减免40%的遗产税，最高减免额可至50万英镑，这吸引了高净值人群通过捐赠支持社区养老。此外，从个人养老金账户中提取资金支付护理费用，可免缴25%的提取税，用于盘活老年人资产，缓解现金流压力。

三是鼓励企业参与的税收优惠政策。投资设施建设或服务运营的企业，可按投资额的130%加计抵扣企业所得税。政府运营PPP模式，通过"建设—运营—转让"（BOT）模式吸引私营部门参与养老中心建设，为推动养老领域技术创新，企业开发的相关技术可申请研发费25%的税收抵免。企业为员工或其家属购买相关补充护理保险，相关支出不计入员工应税收入，这一举措极大地提升了员工福利，间接扩大了养老服务需求。

（三）供需两端财政发力

英国财政对居家和社区养老服务的财政支持也是从供给与需求两端进行的。

首先，对于需求方即需要居家和社区照护服务的老年人，由于医疗服务健康照顾属于全民医疗保障体系的一部分，因此由国家医疗服务体系免费为老年人提供。对于日常居家照护和社区支持服务，则由地方社会服务部门负责，地方政府会出资建设社区养老服务设施，并为社会机构供给社区居家养老服务提供部分或者全部费用的财政支持，地方政府财政支持的经费来自地方的税收和中央财政的转移支付。1990年《国民健康服务与社区照护法案》（National Health Service and Community Care Act 1990）倡导建立用户付费和政府补贴的联合付费机制，鼓励地方政府购买养老照料

---

① 《Income Tax Act 2007》。

服务，但严格限制公共养老服务使用人数，要审核用户资格，对用户进行家庭财产调查和需求评估。①由财政提供部分还是全部费用支持，主要根据老年人的年财产收入进行评估，大致以每年14 250英镑和23 250英镑的财产收入为下和上两条标准线，如果满足照护需求评估标准的老年人个人财产收入低于下标准线，则居家照护以及地方政府社区提供的支持服务所需费用均由财政兜底；如果老年人个人财产收入介于上下两条标准线之间，则财政每支付250英镑，另需老年人个人支付一定费用；如果老年人财务情况良好，年财产收入高于上标准线，则财政不会提供经费支持，照护服务所发生的费用全部由受照护老年人个人支付。而近些年来，由于英国政府财政支出压力的增大，根据2014年英国颁布的《照护法案》（Care Act 2014），对老年人居家和社区养老照护服务费用支出开始遵循"封顶线"原则，即照护费用超出地方政府设置的最高线时，财政只支付超出部分的费用。②

其次，对于供给方即养老服务提供者，财政会提供相应的支持政策。

一是对家庭照护者提供财政支持。1995年英国颁布《照护者（认可与服务）法案》（Carers （Recognition and Services） Act 1995），明确了对照护者提供的相应的财政政策支持，鼓励子女为生活无法自理的老年人提供照顾：①为照护者提供财政津贴，需要达到的标准包括每周照护时间必须在35小时以上、照护的对象必须是重度失能老人、照护者必须年满16岁且非全职在校生、照护者月收入低于100英镑或者收入来源于各种福利；③②为照护者提供照护服务；③其他优惠政策，如免费的劳动技能培训、购房优惠、退休后享受全额养老金等。

二是对受雇直接从事老年人生活服务的社区照护者提供服务补贴。

三是政府投资建设并运营了部分居家和社区养老服务中心。英国倡导养老服务供给多元化和市场化，政府在发展社区居家养老服务中处于主导地位，政府出资兴建或改造部分托老所、社区老年服务中心、社区老年公

---

① 钟慧澜，章晓懿. 从国家福利到混合福利：瑞典、英国、澳大利亚养老服务市场化改革道路选择及启示［J］. 经济体制改革，2016（5）：160-165.

② 柴化敏. 英国养老服务体系：经验和发展［J］. 社会政策研究，2018（3）：79-96.

③ 柴化敏. 英国养老服务体系：经验和发展［J］. 社会政策研究，2018（3）：79-96.

寓及老年人家中的助老设施等基础设施，由公立或者慈善机构提供一部分免费居家服务，另一部分社会服务的供给委托给民营企业，政府购买其服务免费提供给老年人。

第三节　日本医养结合养老服务业财税政策

日本的养老模式主要包括5种：

一是居家养老模式。其主要覆盖70%以上的居家老年人，通过社区服务机构提供上门护理、日间照料等服务。

二是机构养老模式。其主要划分为特别养护老人院、付费养老院以及介护养老院。特别养护老人院面向重度失能且家庭无力照护的低收入老人，政府承担90%以上的费用。付费养老院以市场化运营，提供高端医疗、康复和文娱服务，费用自付。介护养老院以需要长期疗养的患者为对象，经医疗机构确认，适用于有介护保险的以治疗为主的老人。有介护保险的老人个人只负担10%的费用，其余90%的费用由介护保险支付。病房的使用面积不小于6.4平方米/人，每个房间内应不少于4个床位。随着《介护保险法》的修改，可采用护理型老人福利设施的单人间型的设施标准建设，平均规模为每个床位35~45平方米，介护疗养型医疗设施没有人数的限制。

三是社区嵌入型养老模式。其以"30分钟服务圈"为目标，整合社区内医疗、护理、保健和住房资源，构建"自立支援"网络，延缓老年人失能进程。[①]

四是医养融合型养老模式。其以"介护保险"和"国民健康保险"双轨支付为基础，打通医疗与养老资源边界，通过协议合作或机构一体化实现服务无缝衔接。最为典型的就是介护养老院，专为需要长期医疗照护者设立，整合医疗与生活支持，也是最为贴近医养结合的养老模式。此种养老模式主要适合失能程度较高者。

五是老年健康生活大社区医养结合（CCRC）养老模式。其旨在进行

---

① 汤梦君. 地区综合关怀体系：日本老龄护理制度改革的新趋向［J］. 社会福利（理论版），2018（5）：14–19.

医养资源深度整合，实现全周期服务链，但其高额的费用使得该项模式并不具有普惠性。

一、日本的介护养老院及 CCRC 养老服务体系

日本介护养老院依托有法律保障的介护保险制度，分层提供从基础生活照料到医疗临终关怀的全周期服务，形成了"政府保基本、市场促多元"的养老供给体系。日本介护养老院起源于 1963 年《老年人福利法》中提到的"特别养护老人院"，主要面向低收入重度失能老人提供照护服务。2000 年《介护保险法》实施，将养老院服务纳入社会保险支付范畴，个人承担 10% ~ 30% 的费用，[①]2011 年设立"介护医疗院"，开始逐步整合医疗与临终关怀服务，2023 年日本 65 岁及以上人口占比达 29.1%，养老院开始转向"个性化服务+科技赋能"，推行"介护机器人补助金"，最高补贴设备费用的 50%。日本介护养老院历经 60 多年的发展，已形成"法律强制保障+市场细分供给"的成熟体系。

CCRC 模式起源于 20 世纪初的美国，20 世纪 80 年代在日本开始被关注。其核心理念是"在地养老"，即在同一个社区内满足老年人不同阶段的养老需求。2014 年《关于推进医疗及护理综合保障的相关法律完善法》要求地方政府支持医养结合项目，CCRC 被纳入综合照护体系试点。2021 年，日本政府发布《终身活跃社区（CCRC）推进指南》，明确税收优惠和土地使用支持，加速在全国布局。日本 CCRC 通过全周期服务设计和市场化运营，为高收入老年人提供了高品质的养老选择，但其"高端化"定位与普惠养老目标之间存在张力。

二、日本的介护养老院及 CCRC 养老服务体系财税政策经验

（一）精细化分层补贴，平衡市场化供给

日本的介护养老院财税政策是其养老服务体系的重要组成部分，旨在

---

① 赵晓征. 日本养老政策法规及老年居住建筑分类 [J]. 世界建筑导报，2015（3）：27-29.

通过税收优惠和财政补贴降低养老服务成本、鼓励社会资本参与，同时确保服务的普惠性和可持续性。

首先是财政补贴政策。其主要分为设施建设补贴、运营补贴以及特殊群体定向补贴三种。在设施建设补贴方面，地方政府对符合标准的养老院按床位数量提供补贴，为应对超老龄化需求，2023年起对加装无障碍设施、智能护理设备的养老院给予费用30%的改造补贴。对于运营补贴，政府通过介护保险基金根据老年人的失能等级向养老院支付服务费用的70%~90%。[1]为缓解护工短缺的问题，对雇用持证介护人才的养老院，每人每月补贴5万日元，引导养老院引入技术设备和专业人才，在提升服务水平的同时直接降低了介护养老院的运营压力。在特殊群体定向补贴方面，当年收入低于280万日元的老年人入住"特别养护老人院"时，自付部分可由地方政府额外补贴50%，确保了照护保险覆盖外的弱势人群也能获得基本服务；设置认知障碍专区的养老院，每新增一张床位都可得到适当补贴。[2]

其次是税收优惠政策，非营利性介护养老院免征法人税，营利性养老院的企业所得税税率从30%降至20%。养老院建筑及土地的固定资产税按评估价的1/6征收，部分地区对新建养老院前5年给予50%的税收减免，介护保险范围内的服务（如护理、康复）免征10%消费税[3]。通过税收减免吸引企业、非营利组织进入养老行业，以扩大医养结合养老服务供给。老年人支付的介护服务自费部分可享受最高40万日元/年的所得税专项扣除，在养老院内发生超出10万日元的医疗费用可申请医疗费部分抵扣。日本的介护养老院财税政策通过"减免+补贴"组合拳，有效平衡了市场化供给与社会福利属性，其精细化分层的补贴机制和动态调整经验值得借鉴。

① 石艺. 行业深度报告|前瞻性产业研究|银发经济系列（三）日本镜鉴：深度老龄化社会的产业发展经验［EB/OL］.（2024-09-09）［2025-03-20］. https://finance.sina.cn/2024-09-09/detail-incnpyip3037193.d.html.

② MHLW. 介護保険制度の概要［EB/OL］.（2023-05-01）［2025-03-20］. https://www.mhlw.go.jp/content/000801559.pdf.

③ 日本国税庁. 第6節医療の給付等関係［EB/OL］.［2025-03-20］. https://www.nta.go.jp/law/tsutatsu/kihon/shohi/06/06.htm.

（二）创新费用分担机制，吸引社会资本

日本的CCRC作为高端养老模式，其财税政策设计既兼顾了吸引社会资本投入，也保障了服务质量。有针对性的激励措施主要有以下三方面：

一是针对CCRC开发运营方的财税政策。符合政府标准的CCRC项目，运营企业可享受10%的法人税减免，若在社区内设置医疗机构或认知障碍专区，再额外减免5%。购买土地用于CCRC建设的，不动产取得税按评估价的1/3征收，新建CCRC前5年固定资产税减免50%，自第6年起分10年逐步恢复全额征收。地方政府根据CCRC床位数量提供补贴，引入AI健康监测、护理机器人等设备的CCRC，可申请费用30%~50%的补贴；与培训机构合作培养介护人才的CCRC，每人次补贴10万日元。

二是针对CCRC入住者的财税政策。购买CCRC产权的老年人可申请不动产取得税抵扣，最高抵扣额为购房款的10%；月费中的介护服务部分可纳入医疗费扣除，年扣除上限为40万日元；[①]CCRC产权作为"特定居住用财产"，遗产税评估价按市场价的70%计算。

三是政府与市场的费用分担机制。其包含费用分担、土地成本分担以及风险分担。CCRC内的护理、康复等符合介护保险目录的服务，由保险支付70%，个人承担30%。政府以长期租赁方式提供公有土地，租金为市场价的30%~50%，降低了CCRC初期投资压力。若CCRC入住率连续3年低于70%，政府可按协议价回购部分设施转为公共养老院。日本的CCRC财税政策通过"前端建设补贴+后端税费抵扣"组合，有效撬动了社会资本进入高端养老领域。

（三）动态调整补贴力度，重视人才培养

对养老机构和服务对象给予不同的财政支持。在早期应对养老问题时，政府大规模直接投资修建和运营福利型养老机构。随着老龄化加剧，财政压力过大，试行社会民营资本进入养老领域，养老服务逐渐社会化，民间社会福利法人经营和管理的福利养老机构数量现已超过政府举办的数量。但是现在公立性质的养老机构中有很大一部分机构属于政府机构，工

---

① MINISTRY OF FIANCE，JAPAN. 关于所得扣除的资料（所得控除に関する资料）［EB/OL］.（2024-06-01）［2025-03-20］. https://www.mof.go.jp/tax_policy/summary/income/b03.htm.

作人员属民政工作人员，其经费全部来自财政拨款。比如，厚生劳动省牵头建设的老人福祉设施，其建设和运营资金基本由政府出资。①为了鼓励民营养老机构的发展，当地政府免费为民营福利养老机构提供土地，符合政府审核标准的民营福利养老机构会有开办补贴，补贴资金由中央政府和地方政府各承担一半。②非营利性养老护理机构日常运作也有地方财政资助，即给予"措置费"。措置费可以用于养老护理机构的服务人员工资、设施维护、公用经费等支出，机构的职员工资一般参照公务员标准。③仅经营活动所得收入须纳税，其他如捐款、资助、补贴等无须缴税。民间兴建或经营的具有医疗救护等功能的福利设施，享有税收优惠、低息甚至免息贷款服务。每年日本政府各部门和相关研究机构会对开展养老机构建设进行相关调研，对需要特别支持的领域实施支持政策倾斜。④通过向老年人发放补贴和护理券的形式，大大刺激了民营养老服务机构的发展，促进了养老服务供给的多元化和社会化。⑤

此外，日本重视对养老服务专业人才队伍的培养，财政支持确保养老服务人力资源储备。日本从20世纪70年代开始将培育养老服务护理人才列为养老服务体系建设的重要内容。1987年，颁布《社会福祉士及介护福祉士法》；2006年，通过《社会福祉士及介护福祉士法部分修订法》，严格规范从业人员资格认证，为培养和吸引专业化人才提供了法律保障。为了吸引和扩大养老服务人才后备力量，一方面，地方政府对正在就读介护相关专业的学生给予高达学费80%的奖学金和免息助学贷款，以缓解他们的求学和生活压力，学生毕业从事介护工作满5年后，无须返还政府的借款。另一方面，中央政府自2011年起逐步提高介护员工的工资，连续3年投入4 000亿日元补助金以改善介护员工待遇，每月支付2万日元的额外奖励给介护员工。允许通过国家资格考试的外国人在日本定居，对于

① 班晓娜，葛稣. 机构养老与政府职能：日本经验及启示 [J]. 大连海事大学学报（社会科学版），2014，13（3）：43-47.

② 李萌. 支持我国养老服务体系发展的财税政策研究 [D]. 北京：财政部财政科学研究所，2015.

③ 张凡. 日本养老护理机构：分类·设置·管理·运营 [J]. 社会福利（实务版），2011（1）：55.

④ 孙倩璐，陆杰华. 关于养老服务业税收政策创新的国际借鉴与启示的思考 [J]. 老龄科学研究，2016，4（3）：63-70.

⑤ 费果. 国外养老服务机构建设及运营模式 [N]. 中国社会报，2013-05-29（A3）.

从事介护工作的外国定居者，给予 23.5 万日元/年的补助金和相关进修资格等。此外，还制订了一系列补助计划，开办各种职业进修培训和资格考辅班，以推动介护人才培养战略的实施。[①]

第四节　德国医养结合养老服务业财税政策

德国养老服务模式主要有以下 4 种：

一是居家护理模式，由专业护理人员上门提供基础护理、医疗护理和家政服务，占德国养老服务的 72%，是主流模式，由长期护理保险覆盖 90% 费用，个人自付 10%。

二是面向重度失能老人提供 24 小时生活照料和基础医疗支持的全日制护理院，仅配备常驻护士，医疗整合比较弱，保险支付 75%，剩余自付。

三是代际共居社区，将养老公寓与幼儿园、青年公寓混合建设，通过代际互动提升老年人心理状态。

四是短期护理院，主要为术后康复、急性病恢复期老人提供最长 8 周的医疗化护理服务，衔接医院与居家养老，保险支付比例高达 95%，自付 5%，且优先使用保险资金。这是最为接近医养结合的养老模式。

一、德国的短期护理院养老服务体系

德国的短期护理院专为需要阶段性强化护理的老人设计，通过高保险支付、严质量监管和精准服务定位，实现了医疗与养老资源的高效整合，弥补了医院与居家养老之间的服务断层。该模式起源于 1994 年的《长期护理保险法》。该法案明确将短期护理列入保险覆盖范围，德国由此成为全球首个将护理保险纳入法定社保的国家。早期短期护理院主要承接医院转介的术后康复患者，只覆盖基础护理需求，2008 年将短期护理最长服

---

① 曹永红，丁建定. 日本社会养老服务体系发展及介护服务人才培养镜像 [J]. 中国社会工作，2018（16）：56-57.

务期延长至8周，2015年引入电子健康卡系统，实现短期护理院与医院、家庭医生的病历互通，完成了数字升级，2020年允许将远程诊疗费用纳入保险支付，机构数字化改造进程加速。短期护理院的服务内容主要包括：以术后康复、慢性病管理为主的医疗护理服务；以物理治疗、语言治疗、认知治疗为主的康复治疗服务；以营养管理、心理疏导为主的生活与社会支持服务。德国短期护理院模式通过高保险支付比例和医疗资源嵌入，有效打通"疾病治疗—康复护理—居家养老"链条，是最为符合医养结合服务的养老模式。这种短期、高强度的医疗与生活照护服务是老年人从医疗过渡到照护的重要转折点。

二、德国的短期护理院养老服务体系财税政策经验

（一）分层补贴与定向税惠结合

德国的短期护理院财税支持政策体系以分层补贴和税收优惠为核心，旨在降低机构运营成本、提升服务质量。首先是联邦与州级差异化的建设运营补贴。对于联邦层面的补贴，针对新建机构按床位数量对普通床位和认知障碍专区床位进行分级补贴，对经济欠发达地区的补贴上浮20%，最高达30 000欧元/床。对于州级层面的补贴，主要有运营成本补贴和人力成本补贴，运营成本补贴根据实际服务床日数按服务质量补贴，人力成本补贴主要指护士薪资补贴和培训补贴，对雇用持证护士每人每月补贴800欧元，机构内部开展护理培训，每课时补贴45欧元。其次是各个领域的精准税收优惠政策。基础护理服务适用增值税免税政策，附加服务按7%的低税率征收，[①]机构采购医疗设备、药品等的进项税可全额抵扣，降低实际税负；非营利性短期护理院免征企业所得税，三星级及以上的营利性机构企业所得税税率降至10%，康复设备、无障碍设施可按25%年率加速折旧，缩短投资回收期；[②]短期护理院房产按实际用途评估，税率降至0.15%，前3年免征房产税，第4~6年减半征收房产税。通过财税工具的精准分层与税收杠杆的定向调节，德国在提

---

① 《德国增值税法》。
② 《德国所得税法》。

升短期护理院服务效率的同时，有效实现了医疗、养老资源的空间均衡与代际公平。

（二）多维激励促进服务均衡发展

德国的短期护理院财税支持政策体系涵盖技术、人力、区域、环保等多维度政策工具，通过补贴向农村倾斜、实行税收补偿机制来缩小区域差距，实现了服务均衡发展。一是AI与机器人补贴政策。引入护理机器人、AI跌倒预警系统等，联邦政府补贴采购成本的40%。二是研发税收抵免政策。护理机构与高校合作开展护理技术研发，研发费用的25%可抵免企业所得税。三是绿色转型支持碳中和补贴政策。安装太阳能板、地源热泵等可再生能源设备，补贴投资的35%。四是碳税返还政策。若机构年度碳排放强度下降10%以上，返还已缴碳税的50%。五是针对农村与薄弱地区实行的税收递延政策。其主要包括在薄弱地区新设机构，企业所得税可延迟至盈利后第3年缴纳，每接收一名来自半径20千米以外的老人，补贴500欧元/人。

多维激励政策合理优化了资源配置，促进了社会公平，降低了短期护理院的运营成本。

第五节　发达国家医养结合养老服务业财税政策经验借鉴

在分析了美国、英国、日本及德国的医养结合养老服务财税政策后，本书通过构建其政策框架共性特征，力求寻找中国可借鉴的路径，增强政策的本土化适配度，通过优化资源配置、降低医保压力、提升服务质量、缩小区域差距、推动技术创新等多重路径，系统性应对老龄化挑战。

一、建立联合管理机制，整合医养资源

（一）创新医保支付机制，推动协同支付

结合发达国家医养结合财税支持政策经验，本书针对我国的老龄化现状，结合本国国情提出系列政策想法。

首先，我国医养结合养老机构可以尝试明确划分支付标准，依据ADL评分，按照失能等级设定额度标准。

其次，支持我国医疗保险和长期护理保险协同支付医养结合养老机构费用，允许长期护理保险报销养老机构内设医疗费用的部分比例，可以尝试选用阶梯形报销设计，按照基础护理、术后康复或失能照顾护理类型的不同给予不同的报销比例。一要与经济发展水平、政府财力，以及老年人的养老需求挂钩。社会保障支出应根据经济发展作出相应的调整，考虑财政能力，并结合老年人的基本养老需求确定相应的支出水平。二要扩大城镇职工和普通居民基本养老保险的覆盖面，增强社会养老保障的兜底能力。三要建立多层次、多支柱的养老保险体系。在坚持国家、企业和个人共同分担社会基本养老保险的模式基础上，鼓励发展个人储蓄型养老保险和商业养老保险。对中长期养老保障基金收支进行规划，将统筹账户与个人账户分开管理，减少个人空账运行，提前预警社会养老保险基金的缺口，确保社会养老保障的可持续发展。

再次，建立多部门联合管理机制，建议成立市级医养结合管理办公室，实现统一审批、统一监管、统一调配资金。整合社区医院与养老服务中心资源，实现"一址双功能"。从发达国家的实践经验看，在养老服务供给中，多元化主体参与和政府主导是相互促进、相互配合的。在美国、英国、日本及德国，无论市场化程度有多高，也无论养老服务供给参与度有多广，均遵循了以政府为主导的原则。建议从宏观层面构建养老服务的顶层设计，制定相关法律法规和发展规划，为养老服务业持续发展指明方向、为行业规范提供保障。同时，建议转变政府职能，由直接干预变为间接引导。政府主导不是包办，要减少直接投资、减轻财政压力，鼓励和支持社会力量参与养老服务供给，在多元化供给主体中起到规划者、引导者、协调者、支持者和监督者的作用。政府与市场要积极合作，既要保持

市场活力，发挥市场在资源配置中的决定性作用，也要及时干预市场失灵，弥补市场供给不足的部分。

最后，可以尝试合并医保基金、民政老年人护理补贴、财政专项等资金，形成区域医养结合资金池，建立动态分配机制，按照一定比例进行分配并适时调整，如可以通过构建绩效考核指标及绩效拨款体系进一步确定拨款比例。[①]

（二）完善健康服务整合建设，打破服务壁垒

首先，整合改革涉及多个层面，应当明确各自权责。区域层面的统筹规划是优化体系结构、理顺功能定位与服务接续、提高体系服务质量和效率的关键。地方层面的公共卫生强化有助于人群健康生活环境的构建及其他健康决定因素的有效应对，也有利于弥合公共卫生与医疗之间的裂痕。基层社区作为一线，重在针对个体和社区提供组织化的全面健康需要的服务。每个层面都有整合的任务，也应当明确其在整合中所扮演的角色，并赋予其相应的权力和责任。

其次，统一的决策问责、协调的资源分配是推动整合的关键抓手。以英国为例，尽管"购买与提供分开"，卫生健康事业最终责任的部门在英国是统一的，卫生健康部门对筹资和服务的最终负责是与健康相关所有服务实现联动的前提，也是整合改革的重要动因。英国在地方政府层面成立了健康与福祉理事会，以统筹地方性的公共卫生与医疗决策，并设立卫生与社会照护服务联合购买资金池，以统筹地方性卫生与社会服务购买，这种做法值得参考借鉴。符合卫生健康事业规律的问责机制也是整合决策与资源分配发挥效能的基础。

最后，基层卫生发展需要在专业化基础上进行组织化。基层卫生工作既要强调防治结合，也要实现卫生与社会服务融合，还要充分发挥社区和个体的参与作用，这样才能应对人的全面健康需要。英国整个改革的基础在于其高素质的全科医生，使得大部分民众健康需求能够有效地在基层得到满足，不仅直接提供患者所需的主要服务，植根基层的全科医生还是患者和居民整体卫生决策和服务的总协调者。英国近期组建基层卫生网络的

---

① 苏才立，刘晔. 以新一轮财税体制改革助力中国式现代化 [J]. 财政监督，2024（16）：13-19.

努力，反映了在"购买与提供分开"的结构下，基层卫生组织仍然具备整合临床医疗、公共卫生与健康相关社会服务的重要价值。英国的经验一方面提示我国需要更大力度培养高水平、专业化的全科医生，并为之安排好职业轨道，另一方面也提示基层卫生工作不应完全依赖去组织化的个体诊所。[①]

二、建立动态风险调节机制，实现差异化补贴

（一）完善调整机制，发展多样化服务类型

首先，要加快建立养老服务需求评估制度实施细则。将医养结合养老服务体系、服务对象聚焦在失能、半失能等脆弱老人身上，使医养结合养老机构床位利用率达到最大化。尽快制定各种具有可操作性的实施细则，将医养结合需求评估结果作为医养结合养老机构准入、养老护理补贴领取等的基础，使评估结果发挥真正的作用。可以尝试试点护理需求评估工具，每季度动态评估失能等级，调整医养结合养老机构补贴比例，在慢性病急性期管理期间可以适当上调医保补贴比例，病情稳定后恢复基准比例。这些可以在一定程度上减轻医养结合养老服务机构的运营压力，保证其财务的持久性。

其次，创建预防型服务模式。将一些慢性病纳入医保统筹，推广可穿戴设备实时监测数据直连区域医疗平台；开展小微医疗机构布局，在社区护理站服务半径小于等于1.5千米的范围内，提供基础医疗、康复护理等服务，对新建医养结合护理站给予建设补贴；建设过渡性医养结合养老机构，在二级医院与社区层次之间设立康复护理站，承担术后康复职能，并将其纳入医保统筹范围，同时配备专业康复师团队，按服务量获取绩效奖励。这些都在一定程度上保证了医养结合养老服务机构的普及性。

（二）健全支持政策体系，赋能人才和科技

首先，根据医养结合养老服务机构收纳的老年人的经济状况进行分级

---

① 李琦，袁蓓蓓，何平，等. 英国"购买与提供分开"下的健康服务整合改革及启示［J］. 中国卫生政策研究，2020，13（9）：22-26.

补贴，按照低收入群体、中等收入群体和高收入群体的标准划分，同时根据机构类型不同给予差异化补贴。完善并落实高龄津贴、失能补贴、养老服务补贴等政策，原有的救助对象继续由政府全额补贴，对其他群体进行健康状况、经济收入等全方面评估，对符合标准的进行分级补贴，且不论是公办机构还是民办机构都能享受同等补贴待遇。对于身体状况良好但占用了有限的养老和医疗服务资源的老年人，不论是申请公办机构还是民办机构，都要求其全额自费。

其次，建立人才培育共享机制。当前我国养老护理员缺口较大，可以使医疗机构和养老机构共享护理人员，按服务时长分配绩效，进行"医养结合护理师"资格认证，尝试以削减补贴比例的方式强制要求机构医护比。加强护理队伍专业人才建设，可以从以下3个方面着手：

一是向护理员队伍注入"新鲜血液"。政府可以和当地的高校协议合作，鼓励当地高校以及职业技术学校开设相关护理专业，对医学专业、护理学专业的学生开设养老照护、老年人心理、公共卫生等与老年护理相关的课程，在毕业实习期间推荐到医养结合养老服务机构实习。通过一系列的教育实践活动，全面为医养结合发展培养复合型人才。

二是医养结合养老机构进行定向委培。机构与高校、职业技术学校等合作，对于定期到机构实训、毕业后去本单位工作的毕业生，给予学费补助、生活费补助。

三是开设继续教育培训班。通过开设继续教育培训班，为目前从事医养结合养老服务的人员创造再教育的机会，这样不仅可以提高专业知识和技能，还能更好地为老年人提供专业、高效、有质量的服务，从而短时间内解决部分缺乏专业性护理人才的问题。

最后，合理运用各种财税政策工具。财政支持养老服务供给的工具较多，作用机理也不尽相同。曾经作为主要形式的政府直接投资等传统方式给政府造成巨大的财政负担，且容易出现寻租、效率低下等问题，应将政府直接投资手段的着力点聚焦到提高基本公共服务均等化水平的公共养老基础设施建设方面，综合运用多种财政手段，发挥财政资金的杠杆作用，支持公办养老机构进行公办民营、公建民营改革，鼓励开发民办公助新模式。这样一方面会减轻财政支出压力，避免因直接财政投资而造成挤出效应，切实提高财政投入精准性和效率水平；另一方面会提高社会资本参与养老服务供给的积极性，推进养老服务供给的社会化、多元化、市场化。

三、建立中央-地方分担机制，缩小区域养老差异

首先，在养老服务事权方面，基于养老服务本身性质的考虑，中央政府主要承担顶层设计的职责，地方政府承担依据中央的政策制定细则、具体执行和管理监督职责。我国区域间、城市间的经济发展水平、生活习俗、人口结构、老龄化程度各有不同，城市养老服务需求存在较大差异。地方政府更知晓民生民意，更了解当地民众的养老需求，因此，由地方承担具体的本地养老服务供给事务更合适。可以在中央统筹下赋予地方更多自主权，通过专项税对欠发达地区发放医养补贴，通过专项税或国资收益补充发达地区医养补贴，强化财政转移支付，缩小区域间养老服务差距。

其次，在养老服务财权方面，中央政府和地方政府共同承担养老服务的资金投入。根据国际经验，多数发达国家采用中央政府和地方政府平均分摊养老服务财政支出的模式，并且中央政府对地方养老服务项目有专项财政拨款进行财力支持。从全国层面来看，我国各级政府在养老服务的支出责任总体上也可以采用平均分摊模式，但在中央政府对地方政府的养老服务转移支付方面，应根据地方经济发展水平、城市规模等级、城市老龄化程度等情况具体区分。

最后，从区域差异来看，与东部地区相比，中部、西部地区经济发展要相对迟缓、基础设施相对落后，中央政府的转移支付力度要向欠发达地区和老龄化程度较高的地区倾斜。按照城市规模等级来看，相对于三、四线城市，一、二线城市经济更发达，人均收入和生活水平较高，地方政府财力相对雄厚，中央政府可适当减少对一、二线城市养老服务方面的投入，提高对三、四线城市的投入。从城市老龄化程度来看，中央政府对老龄化程度较高地区的财政投入相对要多。中央财政设定基础补助标准，地方政府根据经济水平配套资金，向欠发达地区倾斜。建议设立区域补偿基金，提取东部发达地区养老税收的5%，设立西部专项补贴池。建议出台医养融合促进相关法律法规，明确医疗机构与养老机构权责；对供给体系进行分层，同时设立医养整合专项税，试点从消费税或烟草税中划拨一定比例，建立中央-地方共担的医养结合基金。

四、健全税收优惠政策体系，激励多元主体参与

（一）税收优惠扩容，激励社会资本参与

首先，建议加大对非营利性医养结合养老机构的税收支持力度。目前我国非营利组织面临的最主要问题是资金短缺，其资金主要来自政府购买服务、社会捐赠和服务收费，然而，政府购买服务会受有限的财政收入束缚，缺少制度化的预算安排；我国非营利组织能够获得的慈善性捐款十分有限；非营利组织的公益性特点，也使其无法收取较高的服务费用。[①]种种原因导致非营利组织资金不足，这种情况下非营利组织无法提供较高的薪资吸引高端医护人才，也无法长期购买和链接外部资源对现有人员开展系统化的专业培训，因而人员专业性不足。故结合发达国家经验，建议在免征非营利性养老机构的企业所得税、房产税的同时对其取得的捐赠收入，免征增值税和附加税。[②]设计捐赠激励措施，比如企业向医养结合养老服务机构捐赠现金或物资，按150%的比例税前加计扣除；个人捐赠养老服务（如志愿服务时长）可在年度个税应纳税所得额中抵扣等。

其次，完善税收政策，鼓励社会资本积极参与医养结合养老服务业，对企业投资医养结合养老设施的金额，按一定比例加计扣除企业所得税，对于护理床、康复器械等的设备采购费用允许按一定比例加速折旧。

最后，建议优化用工成本。对雇用持证护理员的企业，减免其社保中企业缴费部分的50%，以增强行业吸引力；企业为员工提供养老护理培训费用的，按120%税前列支，以吸引更多人加入医养结合养老服务业。[③]

（二）强化个人养老税收激励，鼓励科技人才协同发展

首先，建议扩大专项附加扣除范围，将失能老人护理费用（含机构费

---

① 蒋金鑫. 福利多元主义视角下"医养结合"养老服务问题研究［D］. 济南：山东师范大学，2018.

② 景鑫. 福利多元主义视角下老年人医养结合养老模式存在的问题与对策［J］. 社会与公益，2020（11）：73-74.

③ 时晨晨，刘春芝. PPP模式下医养结合税收支持政策优化研究［J］. 理论界，2023（3）：44-50.

用、居家护理用品费）纳入个人所得税专项附加扣除中，限定年度限额。对独生子女赡养失能父母的，扣除限额上浮20%，这在减轻家庭养老压力的同时会增加对医养结合养老服务的需求。试点"养老目标储蓄"账户制度，存入的资金享受较高的固定利率，退休后提取可免征利息税；账户资金还可用于支付机构费用或购买商业护理保险，通过长期储蓄激励方式促使老年人多关注自己的健康，增强其对医养结合养老服务的购买力。

其次，建议将助理社会工作师职称系列与薪酬等级挂钩，分职称等级设立不同的补贴标准，吸引高质量人才进入医养结合养老服务业，弥补我国养老护理员的巨大缺口。给予校企合作税收优惠，企业与高校或职业技术学校合作开设养老护理专业，相关投入建议按照一定比例加计扣除企业所得税。入职养老机构满3年的院校毕业生，可以减免一定比例的助学贷款等。这些举措将对打破我国当前医养结合养老服务工作者教育水平低、人员数量少、质量欠佳的现状有所助益。

第八章　完善我国医养结合养老服务业的财税政策建议

第一节　完善我国医养结合养老服务业财税政策的总体思路

结合前文研究，以"服务可及、质量提升、支付保障、产业升级、代际公平"为目标导向，拟从短期、中期、长期阐述完善我国医养结合养老服务业财税政策的总体思路，最终形成政府主导、市场发力、家庭参与、科技赋能的可持续发展格局。①

---

① 时晨晨，刘春芝. PPP模式下医养结合税收支持政策优化研究［J］. 理论界，2023（3）：44-50.

一、构建财税政策基本框架

(一) 明确目标，制定符合国情的发展目标

新时代养老问题已成为影响社会稳定和经济发展的重要议题，主管部门应科学规划行业发展路径，确立多层次、可持续的现代化医养结合养老服务体系建设目标，构建政府主导、社会协同、家庭尽责的多元责任体系。在医养结合服务供给层面，致力于提供普惠型医养结合养老服务，同时开发个性化医养结合养老项目，满足不同老年人的需求。通过创新医养结合养老服务模式，实现基本生活照料与医疗护理的有机衔接。针对区域发展不均衡的现状，重点加强对西部及东北部的资源投入，通过政策扶持缩小城乡医养结合养老服务差距，推动优质养老资源向农村延伸。在医养结合消费需求层面，需推动医养结合养老服务业与金融、科技等产业深度融合，培育银发经济新增长点，最终实现老有所养、老有所乐的民生目标。在相关配套机制层面，需建立动态监测机制，定期评估医养结合养老服务质量与成效，确保医养结合养老服务资源合理配置。通过税收优惠、用地保障等政策工具，激发市场主体的参与积极性，形成多元化供给格局。另外，需强化专业人才队伍建设，完善职业资格认证体系，为提升医养结合养老服务质量提供人力支撑。

(二) 明确财政支出责任，均衡配置财税资源

首先，建立权责明晰的治理体系。针对多部门交叉管理现状，需量化卫健、民政、人社等部门的权责边界，制定标准化责任清单。建议建立政策审查机制，消除部门规章冲突，推行目标责任制考核，将衡量医养结合养老服务业发展水平的各项指标纳入部门绩效评估体系。构建跨部门协同网络，建立政策制定与沟通机制，重点加强智慧养老、智慧医疗、康复辅具等领域的跨部门协作，通过联合攻关突破技术转化瓶颈。

其次，推进资源整合配置。建立区域医养结合养老资源统筹平台，推广互助医养模式，将城市优质资源通过远程医疗、人才轮岗等方式向农村延伸。设立银发经济产业基金，重点支持不发达地区、偏远地区的适老化改造工作。

最后，构建差异化资金分配机制。建立与区域经济水平适配的财政投入机制，通过中央转移支付强化省际帮扶体系。建议参照国际经验实施分类支持策略，如日本按老年机构类型制订的"9064""9073"财政配比方案，可探索将多项补贴整合为养老服务消费券，既保障基本需求又满足个性化选择。

（三）做好顶层设计，健全社会保障体系

在新时代医养结合养老服务体系建设中，财税政策需强化战略规划与动态适配。针对医养结合养老服务业的发展特征，应立足国情差异，分阶段优化政策工具组合。通过精准施策破解供给短板，设计与医养结合养老需求增长相匹配的财税政策体系。

首先，深化医养结合养老服务业中央与地方财政事权划分。《深化财税体制改革总体方案》中指出，中央与地方政府事权和支出责任合理划分，能够确保财政持续，是建立现代财政制度的核心。中央地方关系主要包括财政收入关系、支出关系、转移支付关系和财政管理关系，央地事权、财权、责任划分是永恒的主题。在养老服务业发展过程中，中央地方事权与支出责任划分尤为关键，不仅直接影响公共服务和公共产品质量效率，还间接影响养老服务均等化，导致实践路径上的偏移，最终将影响社会民生保障事业的有序发展。《医疗卫生领域中央与地方财政事权和支出责任划分改革方案》中指出，基本公共卫生服务支出责任实行五档分担梯度，其中辽宁等3省，中央分担50%；湖北等10省，中央分担60%；医养结合服务根据经济社会发展情况，各地有不同的分担比例，建议根据各个地区医养结合养老服务业发展水平，强化央地专项事权改革，构建与人口老龄化程度、地方财政能力联动的精准化投入体系。

其次，完善养老保险制度，促进医养结合养老服务业发展。基于社会保险覆盖范围小的现状，医养结合养老服务体系的发展亟须建立适配国情的养老保险支撑框架。当前我国已形成城镇职工、机关事业单位与城乡居民三类养老保障制度，但存在财政压力。建议参考国际成熟模式构建复合型保障体系，形成基础普惠、职业关联与市场补充相结合的三大支柱结构。第一支柱是实施全民基础养老金制度，由中央财政承担托底保障，建立法定缴费机制。第二支柱是推行企业年金计划，采取中央与地方财政协同支持模式，强化雇主与个人的共担责任。第三支柱是重点发展商业养老

保险与个人储蓄计划，通过税收优惠等政策工具引导市场化补充。这种分层设计既能分散财政风险，又可满足差异化养老需求。

最后，同步完善资金监管体系。建立精算平衡动态调节机制，确保养老保险基金与医养结合养老服务业形成良性互动，最终实现医养结合养老服务体系稳定运行与服务质量显著提升的双重目标。

二、优化财税政策协同效能

（一）组合财税政策工具，动态调整使用频数

在我国医养结合的政策中，应用于医养结合养老服务领域的前期、中期、后期环节的财税政策工具比例不协调，为了更好地推动医养结合养老模式的发展，要在保证政策可以顺利推行的前提下，调整政策工具频数的适用比例，以鼓励更多的团体或个人加入医养结合发展的队伍中。在当前我国医养结合的政策体系中，更多的是政府让公众被动地接受医养结合养老服务这一事物，这种被动地接受会增加公众理解的负担。因此，当前要做的就是政府对医养结合养老服务的体系进行相应的规划。但是政府不能包揽所有的事情，而应放手让更多的社会力量参与其中，政府在政策发展的过程中起着引导、协调的作用，而不是绝对的控制。政府可以利用信息公开的方式，将医养结合养老机构的审核、建立以及医养结合服务的内容、标准、质量进行公开，以征询公众的意见。同时，政府可以通过招投标的方式，吸引更多的力量加入其中，从而改变公众被动接受的局面，也可以更好地满足老年人多样化的健康需求，如采用政府购买、服务外包等方式可有效推动医养结合养老模式的发展。首先，政府购买服务是一种刺激更多社会力量参与医养结合养老服务业建设的直接有效的方式。其次，允许医养结合养老机构进行服务外包，有助于吸引更多社会力量参与，提升行业活力，同时通过竞争机制确保服务质量，提高成本效益，满足老年人多样化的需求。总的来说，需求型政策工具的增加对推动医养结合养老模式的发展具有积极作用，政策工具的使用需要平衡，既要确保模式规范化，又要注重需求侧政策的有效落地，以推动医养结合模式有序健康发展。

（二）设计完备的行业准入制度，增加养老服务需求

首先，相关部门需完善相关制度，为医养结合养老服务设施建设和改造提供技术支持，逐步推进养老服务的标准化、法治化、信息化和专业化建设，提升规范化水平。民政部门应进一步完善养老服务的准入、退出和监管制度，加强管理规范和提升服务质量。我国可以借鉴美国养老服务业的标准化建设，建立评估体系监督行业发展，确保服务质量。评估内容应涵盖资金运作、服务能力和从业人员等多个方面，以及时了解发展动态和行业短板。

其次，优化医养结合养老服务模式供给结构。当前，应充分利用现有资源，进一步降低医养结合养老服务机构的床位空置率，并通过改造社会资源，如厂房、商业设施等，增加医养结合养老服务机构数量。要进一步鼓励社会力量以及境外资本到我国创办养老服务机构，尽可能地建立医养结合型以及面向失能、半失能老人的"专科"型养老服务机构，这种类型的养老服务机构除了承担一些必须由政府"兜底"的"三无"老人中的失能、半失能老人的入住，对那些低收入的老人以及经济比较困难老人中的失能、半失能老人提供一些低费用入住外，也应该能够对其他身体状况欠佳的老人提供入住服务。公办养老服务机构所具有的公益性，不能仅仅理解为承担政府的"兜底"职能，还要体现在为社会上其他一些失能、半失能的老年人提供入住服务上。

最后，为了进一步提升养老服务的整体水平，应当积极地在养老服务质量与产品的种类方面进行必要的提升，同时应当结合老年人的收入水平、消费水平以及不同层次的需求来发展多种能够适应其需求特征的养老服务模式。政府在制定相关产业发展规划的同时，应当对中小养老服务企业采取多种形式的激励政策，对龙头企业采取多元扶持的政策，促使其实现品牌效应，进而最终形成覆盖范围足够广、经济带动效应足够显著的产业集群。同时，还应当建立各项市场规范和行业标准，以确保养老服务的质量。另外，还应打造多种所有制并存的养老服务体系，这样不管对大中小企业而言，还是对高中低端企业而言，都能和谐共生。

（三）协调政府与市场关系，激励社会资本协同发展

国际经验表明，医养结合养老服务体系的可持续发展需要政府和市场

两大主体共同发挥作用①。日本、德国等发达国家通过完善竞争性市场机制提升医养结合服务质量的做法和经验值得借鉴，我国可以建立"政府引导、市场驱动、社会参与"的协同发展模式，既能避免完全市场化带来的供给失衡，又能防止过度依赖财政导致的效率损失。在制度设计层面，通过制定差异化的财税激励政策，对医养结合养老服务机构实施阶梯式税费减免，对符合条件的老人给予专项补贴。在资源配置方面，对低收入群体及失能、半失能老人实施财政"兜底"保障，通过政府购买服务确保其基本养老服务需求得以实现；对中等收入群体则建立市场化供给机制，发展旅居养老、智慧康养等多元业态，社会资本的参与不仅有助于提升医养结合养老服务机构和设施的数量与服务质量，还能为各方带来利润。鼓励符合资质的社会团体投资医养结合养老产业，在缓解财政压力的同时能够满足老年人口差异化需求。

三、创新养老财税治理范式

为顺应时代发展的要求，更好地推动医养结合养老服务业的健康发展，需要丰富的财税支持方式，以引导医养结合养老服务业快速发展。目前，我国主要通过财政投资、政府购买和财政补贴三种方式来支持养老服务，受益对象较为狭窄。

第一，可以借鉴美国养老服务的志愿者模式，低龄健康老年人可以为年长、身体虚弱的老年人提供养老服务，由此积累的时间可以用于未来对自己的照料服务。让志愿者在社区、养老院等提供服务并积累志愿时间，日后可以兑换成自己享受的养老服务时间。这样可以增加养老服务工作人员数量，同时提升"互助养老"效益。

第二，可以构建多样化的补贴制度，扩大补贴对象范围。例如，养老服务从业人员及医疗护理人员在步入老年后也能享受优惠服务，补贴部分由财政承担。同时，落实养老服务机构床位的财政支出责任，一是增加养老服务机构的床位数。可按照每千名老年人拥有50张床位的最低国际标准，通过财政直接支出来满足日益增长的床位需求，弥补床位空缺的不

---

① 刘春芝，时晨晨. 人口老龄化背景下我国医养结合的财税支持政策 [J]. 沈阳师范大学学报（社会科学版），2024，48（4）：61-69.

足。二是降低养老服务机构的床位空置率。20世纪80年代至今，养老服务机构床位空置率一直维持在30%以上，可以对现有床位进行动态监督，推动使用率不高、收费不合理、管理不规范的养老机构及时退出市场，坚决不让"空床"获得财政补贴；可根据床位综合功能划分补贴层级；还可根据实际入住人数和托养流量进行补贴，避免机构仅重数量、忽视质量的情况发生；凡符合附加医疗保障设施的护理院或医养结合型养老院，可增加财政补贴力度，并按入住老年人数量给予配套生活补贴。三是财政可结合养老院盈利情况，考虑为老年人和工作人员购买"意外险"。

四、构建可持续发展长效机制

（一）规范行业发展，细分医养结合养老服务市场

按照本书第四章的分析，影响老年人选择医养结合养老服务机构最主要的因素就是健康状况，故应从老年人健康状况角度细分医养结合养老服务市场。按健康状况进行细分，不仅突破了传统的日常照料服务，还将老年病和慢性病管理作为重点，为老年人提供从治疗期、康复期到稳定期的综合性服务。借鉴日本介护院的划分标准，将老年人分为健康期、治疗期、康复期以及稳定期四种。健康期的管理包括预防保健、饮食和运动调养、心理疏导等；治疗期则聚焦慢性病管理，特别是针对70%以上老年人患有慢性病的现状，发展慢性病管理和康复服务；康复期的重点是预防伤害和再次损伤，帮助老年人提升自我照料能力，减少疾病和残疾对家庭的负担；稳定期则关注老年人的生活照料和临终关怀，强调尊重老年人的参与感与独立性，避免过度依赖他人。

（二）缩小医养结合养老服务业差异，推动各区域共同发展

本书第五章的分析结果显示，我国医养结合养老服务业发展呈现明显的区域差异，缩小区域差异对提升产业发展水平和促进经济增长至关重要。东部地区医养结合养老服务业相对发达，可以适当简政放权，激发企业活力，在确保政策有效落实的同时关注产业结构升级，推动高质量发展。相对来说，东部地区老年人养老观念更为开放，消费能力也更强，失能、高龄的老人可以直接入住经济条件允许范围内的医养结合养老院。对

于身体状况较好的活力老人，在基本养老服务需求得到满足的基础上会产生更高层次的需求，进而催生对旅游养老、生态养老等新型养老方式的需求。在这方面，东部地区应为其他地区提供宝贵的经验。对于中部地区而言，老年人有医养结合的意识和需求，也具备一定的消费能力，但缺少相应的医养结合服务，因此应重视对医养结合养老服务机构和养老社区的建设。对于西部地区而言，由于发展相对滞后，养老服务产业规模也相对较小，多数老人选择社区居家养老方式，应在发展社区居家养老的基础上更强调医养结合。因此，中部、西部及东北地区而应发挥当地资源优势，发展如医养旅游等特色产业，以缩小与东部地区的差距，实现经济的均衡发展。未来，国家应继续支持医养结合养老服务业水平高、区域联系紧密的经济集群的发展，令其发挥中心城市的带动作用，在通过支持技术开发、资金投入等方式促进本地区经济增长的同时，积极与医养结合养老服务业发展水平较低的邻近省（自治区、直辖市）开展交流，推动周边地区共同发展，缩小中心城市与周边地区的养老水平差距，实现区域间的双赢。

（三）建立财政绩效监督管理机制，保障资金运营效率

优化行政效能和创新监督机制是实现职能整合与监管体系重构的重要路径。

首先，建议组建国家级老龄事务管理机构，统筹医养结合养老服务业财政资源配置与政策执行。该机构可设置政策规划、资金监管、质量评估等核心部门，配置专职绩效管理岗位，将老年人的满意度纳入机构评估维度。同步完善编制管理制度，通过专业培训提升经办人员服务效能，强化纪检监察与审计部门的协同监督管理。

其次，引入市场化监督力量，构建政府购买服务评估机制，优先选择具备CMA认证的第三方机构开展绩效审计。开发全统一的财政绩效管理系统，构建智慧监管平台。

再次，完善法律约束框架，建议制定绩效管理专项法规，明确资金挪用等违规行为的量刑标准，强化技术安全保障。参照金融级安全标准建设涉密管理系统，保障资金运营效率，有效实现监管效能与服务质量的同步提升。

最后，根据财政绩效加强医养结合财税政策效果评估，及时评估政策执行后的效果，获取反馈信息，进而总结当前政策的社会适用性。明确医

养结合政策的重点关注领域和养老模式发展方向，进而决定是否需要调整已有政策，确保其可操作性。

第二节　促进医养结合养老服务业发展的财政政策建议

多元化的财政支持政策，可以更加吸引社会力量参与医养结合养老服务业，推动产业升级。同时，扩大补贴对象和改进补贴方式，有助于缓解医养结合养老服务供给不足的问题，改善老年人生活质量，促进经济均衡发展。本书从财政投资、财政补贴、政府购买三个角度提出促进我国医养结合养老服务业发展的财政政策建议。

一、加大财政投资力度，激励多元主体加入

（一）增强财政资金筹资引导力度，鼓励社会资本加入

为解决医养结合社会资金参与不足的问题，我国必须充分发挥财政资金的引导作用，吸引多元社会力量加入医养结合养老服务业。一方面，政府应当不断设立引导基金、产业基金和PPP基金，确保财政资金拉动民间资金。《国务院办公厅关于全面放开养老服务市场 提升养老服务质量的若干意见》中明确要优先支持基本和改善型中高端养老服务，保障社会养老服务体系完整、高效，并鼓励机关事业单位所属培训中心和招待所等转型为养老机构，库存多、出租困难的商业地产和闲置厂房等，也可以改造成养老机构，鼓励社区居家养老服务网点等设施的建立，推动养老卫生医疗机构健康发展。通过这一创新方式，既能引入市场化运作模式，又能提升财政资金的使用效率，实现资金的滚动使用。另一方面，需完善产业引导基金的运作机制，打造良好的营商环境，适当放宽市场准入，鼓励更多社会资本和境外资本的参与，并简化医养结合养老服务机构审批流程，更好地利用基金吸引其他资本进入该领域。此外，打造财政体系与金融体系"黄金组合"可加大金融创新力度，政策性银行可通过政府贴息为企业提供低息贷款，为社会资本参与提供资金支持。最终，通过放大财政资金的

杠杆效应，进一步激发社会资金投资医养结合养老服务业。

（二）加大财政投入力度，强化养老服务体系建设

提升医养结合养老产业财政投入需要重点聚焦三大方向：一是强化基础设施建设，优化医养结合养老机构硬件条件，解决供需错配问题，缓解床位缺口与闲置并存的矛盾；二是加大医养结合养老服务人员培训投入，提升专业技能以更好满足老年人生活医疗需求；三是增加科技研发支持，通过智慧养老试点、财政补贴老年用品研发以及关键技术奖励机制，推动产业创新。此外，应拓宽资金来源，探索社会保险、社会资本、专项基金及境外投资等多渠道融资，并利用税收优惠、捐赠激励等方式吸引社会参与。同时，需构建财政绩效监管体系，确保资金高效使用。

（三）完善财政投资体系，弥补财政资金缺口

面对我国当前财政投资占比较小，且未来可能面临财政支出缺口风险的现状，需要做好医养结合养老服务体系的中长期财政资金规划。

首先，遵循合理、适度的原则，科学预测和估算医养结合养老服务体系各项内容的资金需求规模。通过一般预算中的经济分类和功能分类模块，合理规划未来的财政资金投入方向与金额。

其次，积极探索多渠道筹资，发展养老服务体系的财政资金补充机制。可通过慈善捐赠、国有企业利润分配、建立养老服务基金等方式，拓宽资金来源，必要时也可以从社会保障资金中划拨部分资金，保障医养结合养老服务体系的持续发展。

二、完善财政补贴政策，提高资金使用效率

（一）优化财政补贴方式，确保资金高效使用

在优化医养结合养老机构补贴方式并设定护理补贴基准后，需重视资金使用效果，提升财政资金使用效率。完善资金管理机制不仅能避免挪用和浪费，更能为医养结合养老服务体系的可持续发展奠定基础。为此，养老服务财政补贴应改变增量支出形式，加强日常痕迹化管理，分月、季度、半年、全年来跟踪摸底，运用系统、人工综合打分，进行结果分析，

对养老补贴进行综合管理，以间接增加养老服务财政补贴额度。由于传统养老服务"涉财"部门主要是财政、民政、税务、审计、人社、市场监管等部门，只有确定主管部门的主体责任，才能保证养老服务资金的使用范围，既要让主管部门承担责任，又要让监督部门进行有效监督，形成主体责任和监督责任闭环，保证资金使用的公正高效，确保养老服务项目实现"契约职能"。针对市场经济追求经济效益的本质，应充分保障资金的优化配置和使用管理，对此，可以建立补贴追踪制度，对老年人补贴、机构建设及运营资金等专项补贴进行全流程监管。同时，结合资金流转特点，各级部门应健全管理机制，强化补贴使用的透明度与精准度，确保资金高效运用。此外，通过动态监控补贴流向，可有效提升财政补贴的实际效果，最大化发挥政策执行力度。

（二）加大财政补贴力度，灵活调整补贴标准

财政补贴作为财税支持医养结合养老服务体系发展的主要工具之一，在医养结合养老服务体系发展中有着广泛的应用。未来应结合新时代需求，调整和创新补贴政策，扩大覆盖范围。

首先，针对地区间医养结合养老机构建设与运营补贴差异较大的问题，应提高地区间财政补贴的公平性，以各地区财政承载力为基础，合理确定各地区财政补贴规模，根据不同区域及其老年群体的特点有针对性地实施财政补贴政策。因为如果财政补贴规模过大，一方面会增加政府财政负担，另一方面也会产生边际效应递减的问题。为了更好地发挥财政补贴在地区间基本养老服务资源配置中的作用，老龄化程度严重地区、中西部地区应加大对弱势老年群体的基本养老服务财政补贴力度。这是因为，老龄化程度严重地区、中西部地区经济和社会资本发展水平较低，基本养老服务财政补贴的资金规模相对不足，老年群体对基本养老服务的购买力较差，财政补贴的效应相对较大。而老龄化程度较低地区、东部地区由于经济发展水平与财政能力等方面的优势，社会资本参与供给的基本养老服务资源相对丰富，老年群体在基本养老服务财政补贴方面的受益程度相对较低，因此东部地区，老龄化程度较低地区应在吸引社会资本参与基本养老服务建设方面加大力度。

其次，鼓励各地政府制定支持营利性医养结合养老服务机构的补贴措施，逐步统一营利与非营利机构的补贴标准，并加大政策落实监督力度，

加速消除补贴差异。

最后，针对老年人护理补贴标准偏低的问题，可设立最低保障线并制定差异化补贴机制。各地应根据老年人的健康状况、经济状况及家庭支持情况动态调整补贴额度，同时建立补贴随经济社会发展自然变化的动态机制。在发放形式上，可进行模式创新，如推广养老服务消费卡结合智慧平台实现精准刷卡消费等方式，此类方式可极大提升补贴资金的使用效率。

三、优化政府购买设计，划定资金倾斜区域

（一）增强政府购买养老服务资金的稳定性，落实政府购买责任

当前医养结合养老服务政府购买资金缺乏持续性，主要是因为没有全面纳入地方财政预算。同时，合理划分中央与地方权责是提升医养结合政府购买养老服务供给效率的关键。为了增强资金的稳定性，需要建立中央与地方共担的投入机制，中央应依据地区间服务供需差异，动态调整资金分配，实施分层级购买策略，缓解资源分布不均问题。

一是将政府购买资金纳入预算，形成专项支出。

二是根据财权事权匹配原则，明确各级政府的资金分担比例。地方作为项目主要执行者，需明确省级统筹基本供给职责，统一规划资金投入并协调配置；县市负责具体落实，形成多级配套机制以提升服务覆盖均等化。

三是确保资金增长率与财政收支变化同步，利用新增收入保障资金供给的连续性，推动医养结合养老服务体系高效发展。

（二）完善政府购买管理评价机制，保证政府购买效果

研究发现，政府购买基本养老服务存在审核机制不健全、标准不统一等问题，应设立第三方专业管理机构统一负责政府购买基本养老服务的管理和运营工作。通过第三方专业管理机构对养老服务机构的筛选、对基本养老服务需求的调研以及设立社区咨询点等路径，有效解决基本养老服务政府购买过程中缺乏专业性与权责不明晰的问题。这需要进一步规范设置行业准入、价格规制、服务标准等，通过加强对基本养老服务供给方的财

政监督，确保社会养老服务机构有序运营，而且能够提高基本养老服务财政资金使用效率，加大基本养老服务供给的可及性。同时为了确保政府购买基本养老服务时供需匹配，需精准掌握老年人需求信息，可以深入调研或委托第三方机构进行评估。第三方机构具备独立性、客观性和专业性，能够避免部门间评价的偏差，同时也可以担任监督主体。然而，当前我国政府购买基本养老服务的做法是由承接主体联系并确定质量评估机构，这可能会削弱评估机构的专业性和权威性。为此，可以借鉴英国的做法，由专门的官方或半官方机构负责设定质量评估指标、建立评估体系，并在购买过程中对质量进行监督，定期公开质量评估报告，确保第三方评估的权威性和客观性。

为了提高政府购买基本养老服务的整体效率，需要在目标、指标、结果应用等方面健全绩效评估制度。

一是应以基本养老服务需求为导向，科学测算政府购买基本养老服务的规模，避免财政资源浪费和政府购买基本养老服务效率低下的问题。

二是对政府购买基本养老服务的资金来源、范围、标准、购买主体、承接主体以及购买流程作出明确规定，并设置相应的绩效评估指标体系对各个环节进行科学的绩效评估。

三是政府购买基本养老服务应更注重服务质量而非机构的所有制形式，从而促进政府购买基本养老服务的公平性，增强政府购买基本养老服务各方的履责意识，切实发挥政府购买的作用。

四是加强对社会基本养老服务组织的监管与考核，从而提高政府购买基本养老服务的效益。

（三）明晰政府购买边界，划定资金倾斜区域

各地区应根据本地实际，合理厘定基本养老服务政府购买的范围，并根据《国家基本公共服务标准》中规定的基本养老服务项目范围进行及时更新。各地要根据实际情况决定具体实施项目，如老年人基本生活照料护理、居家适老化改造、老年教育、基本养老服务从业人员培训等。针对老年人家庭经济状况、健康状况进行个性化的政府购买制度设计，整合区域范围内提供基本养老服务的社会资源，进而使政府购买更充分地与其保障对象的需求相匹配。实证发现，由于区域经济实力的差异，同等规模的政府购买在中部、东部地区对社会资本的吸引力更强。因此，建议在经济较发达的中部、

东部地区加大政府购买力度，引导社会资本参与医养结合养老服务业的市场化运作。同时，合理分配医养结合养老服务供给资源是确保公平配置的关键，各地区应根据经济发展、财政支出和供给水平的变化进行动态调整，以提高政府购买的效率。由于不同地区的政府购买政策效果存在差异，为充分发挥政府购买在资源配置中的作用，建议在老龄化严重的地区，尤其是东北三省，加大医养结合养老服务政府购买力度。这是因为该地区老龄化程度较高，经济发展水平较低，老年群体的购买力较弱，政府购买的效应较为显著。同时，为了更好地平衡地区间的资源，应规范政府购买制度，逐步缩小地区间的服务需求差距，推动共享发展理念的落实。

第三节　促进医养结合养老服务业发展的税收政策建议

完善促进医养结合养老服务业发展的税收政策，可有效激发社会资本投入，推动养老与医疗资源整合，降低机构运营成本并提升服务供给能力；同时减轻老年人养老医疗负担，提高生活质量，优化公共资源配置，促进银发经济高质量发展，并助力应对人口老龄化社会挑战。本书从降低全产业链税收负担、完善税收优惠政策体系、供需两端扩大税收优惠范围角度提出建议。

一、降低全产业链税收负担，增强税收激励性

（一）细化税收优惠条件，积极引导社会资本

制定完善的医养结合项目税收优惠政策，从筹资、建设、运营三个环节细化税收优惠条件。在筹资环节，可考虑对参与项目的企业从金融机构取得贷款的利息费用进行全额扣除。在建设环节，鼓励小微企业从事医养结合养老项目，在享受已有税费优惠政策的基础上减征企业所得税和增值税。在运营环节，推进"以房养老"的税收优惠政策细则，对老年人用于养老而购买的首套住房可以适当进行增值税、个税和契税的减免，同时医养结合养老服务机构应支持房屋抵押、债券置换以及长期

护理保险等金融养老模式。由此扩大行业范围，凡是与涉老服务有关的行业，都要在制定税收优惠政策时给予细则考量，形成完整的税收优惠链条，鼓励社会资本积极参与医养结合养老服务业。

（二）保证税收支持效果，实施差异化区域优惠政策

首先，为保证税收支持政策精准有效，建议推动税收优惠政策立法。我国养老服务业的税收优惠政策需以立法的形式出台，以法律明确优惠政策的主体、对象、内容，以保障纳税人享受税收优惠的权利。优惠政策立法要先明确税收优惠政策的制定主体部门。我国税收政策制定涉及范围广，牵涉部门较多，经常出现"政出多门"的现象，尤其是国地税合并之前，国税局与地方税务局分别从属于中央与地方，因此导致中央出台的优惠政策与地方出台的优惠政策发生冲突，使得纳税人在享受税收优惠政策的过程中受阻，税收优惠政策浮于表面，得不到落实。将税收优惠政策上升到法律层面，能够增强税收优惠政策的权威性、协调性，保障纳税人的合法权益。

其次，应针对区域发展差异实施分级分类优惠：在老龄化程度高、经济基础薄弱的东北、西部及农村地区，可加大企业所得税减免力度，提高养老床位建设补贴比例，并延长增值税即征即退政策年限，降低机构进入门槛。在医疗资源丰富但养老需求多元化的东部地区，应侧重对医养融合技术创新、智慧养老服务的研发费用加计扣除，并对提供失能照护、临终关怀等紧缺型服务的机构给予房产税、城镇土地使用税的定向减免。同时，建立动态评估机制，根据区域老龄化率、服务覆盖率等指标定期调整优惠幅度，避免政策僵化，实现"补短板"与"促升级"双轨并行，形成与区域承载力相匹配的医养结合养老服务供给体系。

二、完善税收优惠政策，提高政策规范性

（一）完善税收登记制度，精准定位主体

精准定位税收优惠享受主体以及制定完整的医养结合养老服务业全产业链税收优惠政策，是积极引导社会资本加入医养结合养老服务项目的必由之路。完善税收登记制度，即在养老机构的认定条件多元化、综合化的前提下，若被民政部门定义为非营利性、福利性养老机构，在按要求享受

税收优惠的同时，也应向税务机关进行税务登记，并逐年进行纳税申报。对于既设有营利性业务又设有非营利性业务的机构，应细化管理模式，按照既定标准区分营利所得与非营利所得，以计算税收优惠，如不能区分，则在按照营利性机构标准征税的基础上给予适中的税收优惠，以引导社会资本积极参与非营利性、公益性项目。

（二）建立跨部门联系机制，提高政策执行效率

首先，为了促进医养结合养老服务业的税收政策更有效地落地，应对现有的税收政策进行全面梳理，并为养老行业制定专门的税收政策文件，确保政策的一致性和专用性。这些政策应明确税收优惠的适用对象，同时在税收种类、优惠力度及期限等方面设立统一标准，避免不同部门之间的政策差异。通过明确的政策门槛，可以提升政策透明度，使政策更具操作性，确保各部门在执行和理解税收优惠时的一致性。

其次，加强中央与地方、各部门之间的协调与衔接至关重要。税收政策应建立一体化框架，国家税务总局应发挥主导作用，通过与地方进行密切合作，确保医养结合养老服务业相关税收优惠政策在全国范围内顺利实施。同时，要建立跨部门联系机制，进行信息共享，促进各部门达成共识，避免因政策分歧带来的混乱，确保在养老产业税收政策的制定与执行过程中形成统一的意见。

最后，要规范税收优惠政策的用语。我国涉及养老服务业的税收优惠政策较多，但各个优惠政策的语言表达却不统一，使得优惠对象或优惠内容不明确。例如，耕地占用税的税收优惠对象为养老机构，房产税、城镇土地使用税的税收优惠对象为福利性、非营利性机构。前者包含了所有的养老机构，范围较广，而后者则是指具有公益性质的养老机构，大部分为公办养老机构。因此，对于耕地占用税、房产税、城镇土地使用税等辅助税种的优惠对象，在政策表述上应统一为"养老院"一词，使之保持一致，不会给纳税人在享受税收优惠时造成困扰。

三、扩大税收优惠范围，兼顾供需两端

（一）优化税收支持政策，提升供需端瞄准度

税收优惠对逐步提高医养结合养老服务供需水平起到正向促进作用，在现阶段，增强医养结合养老服务供需端税收优惠的瞄准度应着力于前端、中端、后端三个方面。

医养结合养老服务业的前端主要是指养老产品的制造商与供应商。应充分发挥流转税的税收优惠作用，在产品研发、设计、销售等多个环节通过降低税率、加速生产设备折旧、即征即退等方式降低企业成本，完善税收支持政策，充分激励企业设计、研发、生产新产品的积极性。

医养结合养老服务业的中端主要是指医养结合养老服务提供者。《中国老龄产业发展报告（2021—2022）》显示，到2025年，我国老龄产业在多个方面会产生重大需求，包括老龄健康管理、适老化用品的生产与制造、老龄宜居环境与服务，以及老龄产业金融等，在企业运营、设施采购、人力成本等多个环节通过增值税加计扣除、进口高端设备关税减免等方式完善税收支持政策，满足多层次养老服务需求。

医养结合养老服务业的后端主要指老年人权益保障机构。对于非公益机构，税收优惠以所得税为主，流转税为辅；对于公益事业单位，主要设置流转税税收优惠；对于开展养老服务购买、PPP医养结合养老项目的机构，对项目产生的增值税税负进行减免，在保障老年人合法权益的同时保证机构的可持续发展。

（二）支持供给端发力，整合设计优惠政策

从供给端入手，可通过降低企业税负来激发市场活力。

一是要增强软件建设方面的税收优惠政策。我国长期以来对养老服务业的扶持大多针对养老机构的硬件设施，对养老机构软件建设的优惠力度还远远不够。养老机构的软件建设包括养老知识的普及、专业养老人才队伍建设、老年人心理疏导等。由上文分析可知，我国部分养老机构的服务质量不高、入住率低、员工素质低，导致老年人对养老服务机构的信赖程度低。因此，在增强软件建设的税收优惠政策方面，首先要降低机构专业

人员的培训成本，对护理人员培训机构进行所得税减免等。其次对养老机构人员的工资薪金收入应进行税前减免，以间接提高专业人员的工作待遇，鼓励毕业生选择从事养老服务业。

二是要增加养老金融的税收优惠政策。如今，我国金融市场发展较为成熟，金融产品种类多样，拓宽了大众的投资渠道。不仅年轻人爱好购买理财产品，老年人也逐渐成为这些理财产品的受众，越来越多的银行等金融机构开始推出针对老年人口的稳健型理财产品。我国近几年不断推动以养老金为代表的长线资金入市，林洋能源、三峡水利等多家上市公司股票均为基本养老保险基金组合，以期达到养老金保值的效果。针对养老推出的理财产品，税务部门需出台相关的税收优惠政策来进行优惠支持，鼓励老年人的个人养老金进入市场，实现养老金的保值、增值，使得老年人的养老资金得到保障。

针对医养结合养老服务类企业，建议适度调降所得税税率，例如，对技术创新能力突出或行业示范性强的企业，可参照高新技术企业15%的税率标准，以降低税负的形式鼓励资金向服务质量优化的企业倾斜。同时，通过扩大增值税、消费税等流转税的减免幅度，系统性减轻企业运营压力。在投资引导方面，可针对医养结合养老产业投资者推出定向优惠。例如，对资本投入养老设施建设或科技研发的主体，给予投资抵免或加速折旧等政策支持，以降低企业研发与运营成本，吸引更多社会资源进入该领域。另外，需拓宽税收优惠适用主体范围，将营利性养老机构纳入政策覆盖范围内。此类机构在满足个性化养老需求中不可或缺，可要求其在享受优惠的同时，履行社会责任（如参与公益养老服务），推动社会价值与经济效益协同发展，构建更健康的行业生态。

（三）支持需求端发力，促进供需协同发展

从需求端入手，建议针对医养结合养老服务业专业人才，实施差异化个税政策，通过适度减免其个人所得税，吸引技术型人才加入该领域。同时，需强化对老年人及赡养者的税收支持，如提高赡养支出的专项附加扣除额度，增加家庭可支配收入以释放养老消费需求等。当前政策规定，赡养60岁及以上老人的纳税人可享受专项扣除，但需结合实际情况细化适用条件，针对部分高龄赡养对象已享有高额退休金或抚恤金的情形，应通过动态评估机制调整扣除资格，避免公共资源错配。此举既能保障赡养负

担较重的家庭获得合理支持，也能确保税收政策的精准性与公平性。

建议减征返聘老年人的个人所得税。受之前计划生育政策的影响，我国"人口红利"时代也即将终结，越来越严重的老龄化问题正困扰着社会。在传统养老模式下，老年人口主要依赖年轻一辈，但由于现代医学技术的发展，我国老年人口的平均年龄已超过70岁，三代同堂的现象已经普遍，对于年轻人来说，可能面临着一对夫妻要供养4位以上老人的养老压力。因此，老年人口返聘将成为今后就业市场的常态。老年人口拥有丰富的工作和生活经验，重新参加工作也能尽快适应，例如日本就出台了一系列的税收优惠政策来解决老年人口返聘中产生的个人所得税征收问题，进一步利用好老年劳动力资源。我国需要扩大对老年人口再就业的税收优惠对象范围，特别是农村地区的老年人口。农村部分老年人口的养老金数额不足以支撑其日常生活，老年劳动力的再利用能够减轻农村家庭养老负担。通过税收优惠政策能够激发老年人口的工作热情，同时还能刺激老年人口对养老服务和产品的需求。

第四节　完善我国医养结合养老服务业发展的保障措施

一、规范财税法律法规，增强法治保障力度

（一）从国家制定层面分析

党的二十大报告明确指出："实施积极应对人口老龄化国家战略，发展养老事业和养老产业。"政府要制定出台更加全面的养老服务相关政策，稳健发展养老事业和养老产业，完善国家医养结合养老服务的政策体系，使政策内容更加精细化，以有效支撑养老服务业的发展。

首先，增强法治保障力度。以"决定""意见""通知"等规范性文件出台的政策需要不间断监督落实情况与实施效果，确保政策内容落到实处，充分发挥政府的引导作用，加大法律的普及力度，保障法律的有效实施。

其次，充分考虑不同经济发展水平下地方性老龄化的具体情况。制定政策与法规时要因地制宜，充分考虑当地医养结合养老服务的覆盖率和可及性，以及政策实施效果的显著性，结合地方情况展开制度创新，找准问题的关键所在，健全相关法律体系，保障医养结合养老服务业的发展。

（二）从规范化实施层面分析

政府部门在加快构建医养结合养老服务业相关行业标准的前提下，确保从细处着眼、精准实施。同时，要认识到老龄化的独特性与长期性，逐步增加老年人的权益，从多方面满足老年人的基本需求与发展需求。从基本养老服务业和民生事业来看，政府要加大力度发挥主导作用，明确政府职能范围边界，适当开放基本养老服务市场，从而切实提升基本养老服务质量。要重点考虑经济发展水平较低地区的医养结合养老服务供给，通过法律法规和相关政策的制定来优化财政支出规模与结构，从而增强医养结合养老服务的均等性和可持续性。

二、加快人才队伍建设，构建人才培养体系

养老护理员和老年人社会工作者缺口较大，从业人员专业化水平不够、学历较低等问题，一定程度上制约了医养结合养老服务业的发展，为此，应从两个方面着力解决人才短缺问题。

首先，政府应尽快出台养老服务人才培养方案。从短期看，着力构建人才培养平台，根据养老服务的分类进行人才区别培养，在人员培训方面，财政投入以及财政补贴按需支出，鼓励更多的从业者加入医养结合养老服务人才队伍。从长期来看，推行学历教育，在普通高等教育中，设立医养结合养老服务相关专业，大力发展职业教育，在教学方法上，可以借鉴德国职业教育的发展经验和教学方式，注重过程教学、情境教学和实践教学，使学生不仅具有完备的基本养老服务业从业素养，还具备在某些专门领域的独特技能。在课程设置和内容选取上，必修课程要覆盖医养结合养老项目筹资、建设、运营各个环节，并根据学生的兴趣，开设某些重点的选修课程。

其次，政府通过税收优惠、财政补贴等方式建立养老服务人才培养体系，鼓励社会人员积极参与医养结合养老服务业。设立受财政监督和审计

监督的人才培养专项基金，对研究养老问题的科研人员提升专项财政资金供给；对参与医养结合养老服务项目的员工，政府通过财政补贴将工作绩效与职工的基本社会养老保险相衔接；对养老护理人员的工资、劳务报酬所得可以减免一定额度的个人所得税。此外，为提升从业人员的积极性，要提高医养护理人员在全社会的认可度，逐步推出医养结合养老服务人员等级认定标准和评价制度，构建层次化、标准化的人才培养体系。

三、结合财税体制改革，实现医养结合创新

首先，政府主导与多元发展相结合。财政改革提升了市场自发形成的能力，政府与多种主体合作对于发展社会福利事业、实现社会自我管理是一种有效的方式。一方面，国家要通过各种财税支持政策引导和鼓励民间力量参与医养结合养老服务业，同时运用多种手段，促进民间组织的能力建设；另一方面，构建"互联网+医养结合"智慧养老服务方式，借助智能设备，链接老年人的服务需求，实现多元主体就近联动，共同构成一个闭合供给需求链。

其次，整合现有财税制度，实现区域统筹发展。通过整合，将有限的资源重新分配以实现医养结合养老服务供给效率最优化，分析各种财税支持政策下老年人实际生活水平，将差异作为整合的依据。打通政府部门的信息壁垒，可以将"金财""金审""金保""金税""金企"5个工程进行联网，实现公共资源的合理配置，在采集信息的基础上进行系统预测，提高医养结合养老服务业的整体性和预见性。

最后，总体设计与重点突破相结合。确定不同阶段的重点任务不仅可以增强政策的可操作性，更能引导社会预期。医养结合的发展不仅要从需求、供给、输送、实施、评价等可利用的全过程考虑，设计总体的医养结合养老服务体系，还要明确每一阶段的重点任务。医养结合养老服务项目投资回报期比较长，整体设计一般以中期计划为主，时间为5~10年，而制订短期计划更能提高资金的运用效率，克服行政职能的空白与交叉。应构建医养结合养老项目库，展示总体设计规划与重点突破细节以及财政的资金运用计划，引导社会合理预期，鼓励社会资本积极参与医养结合养老服务项目。

第九章　结论

　　随着2025年60岁及以上人口占比突破20%，人口老龄化与医疗和养老资源供需矛盾进一步凸显，如何通过制定适配深度老龄化阶段的财税政策体系，利用财税杠杆优化整合医养资源、破解老龄化社会资源错配难题，是本书研究的最大意义。

　　第一，本书从医养结合养老服务业与养老服务业、财税支持政策的关系这两个角度分别对国内外的文献进行梳理。前者主要从医养结合概念及可行性研究、服务模式、机构运行现状及存在的问题、供需影响因素及困境对策四个方面进行借鉴梳理；后者主要从政府在养老服务业发展中的作用、财税政策对发展养老服务业的作用、养老服务业发展中财税政策存在的问题三个方面展开借鉴梳理。最终得出当前研究中存在的问题：一是系统分析医养结合养老服务业财税政策的文献比较少；二是理论与实证分析尚显不足；三是政策建议的针对性与操作性有待进一步加强。

　　第二，在借鉴前人研究的基础上，本书开展了相关概念界定和经济学理论分析；紧接着，本书以政策工具理论为理论基础，以国家层面的医养结合政策文本为研究对象，对200份文件进行编码，展开量化研究，得出以下结论：一是从政策文本类型分布情况看，我国医养结合养老服务财税支持政策涉及的文本以"通知"和"意见"两种形式为主。二是从政策文本发布年度看，我国医养结合的政策文本呈现出渐进式爆发的特点。2000—2012年是医养结合政策的萌芽阶段，2015—2019年是政策的爆发阶段，而2019年以后的医养结合政策呈现缓慢发展。三是从财税政策工具应用类型看，侧重使用财政支出类政策工具。四是从财税政策工具应用目的看，大多应用于后期完善运营促消费环节。

第三，基于政策文本内容分析结果，结合医养结合养老服务业的内涵及特点，从波特钻石模型六大要素出发，首先，对我国医养结合养老服务业发展的现状、困境以及政策实施效果展开分析，发现目前我国医养结合养老服务业财税支持政策存在的主要问题有医养结合养老服务业税收优惠体系有待完善、财政投资存在不足、财政补贴缺乏可操作性、政府购买机制与养老需求存在差距等，并根据波特钻石模型得出影响医养结合养老服务供给和需求的主要因素。其次，运用灰色关联度对影响我国养老服务业劳动力供给的因素进行排序，得出实证结论：排名前五位的因素分别是助理社会工作师数量、城镇基本医疗保险参保人数、养老服务床位数、城镇人均可支配收入及卫生技术人员数量。最后，基于波特钻石模型需求要素分析结果和CHARLS微观调研数据，在描述性分析的基础上，运用二元Logit模型回归分析我国医养结合养老服务需求的影响因素，得出影响老年人选择医养结合养老服务机构的两个主要因素是身体状况和医养保障情况。

第四，基于前文分析得出的供需两端排序影响因素，从养老服务水平、医疗服务水平、医养需求水平、医保养老保险发展水平和医药制造业发展水平5个维度构建指标体系，利用主成分分析法确定指标权重，综合测度了2013—2022年我国医养结合养老服务业发展水平，确定了各个指标的权重值及31个省（自治区、直辖市）医养结合养老服务业发展水平综合得分。研究结果发现，2013—2022年我国医养结合养老服务业发展水平平均值从0.90到1.58，整体具有上升趋势。医养结合养老服务业发展水平存在较大的区域性差异，且有一定的空间集聚性，东部、中部地区得分较高，西部地区及东北地区得分较低。利用Stata 17.0软件绘制地图热力图展开横向对比发现，东部的江苏、广东和山东位于第一梯队，医养结合养老服务业发展水平始终保持领先。分区域来看，东部地区的医养结合养老服务业发展水平显著高于其他地区，中部次之，西部地区发展水平有待提高。作为老龄化程度最严重的东北地区，排名有所下降，吉林和黑龙江的发展水平较低，存在区域发展不平衡的问题。

第五，基于前文测度结果和2013—2022年我国31个省（自治区、直辖市）的相关数据，采用平衡面板数据分析方法，通过建立双向固定效应模型，从财政支持和税收负担两个角度实证分析研究财税政策对医养结合养老服务业发展的影响。结果发现：财政支持对医养结合养老服务业的发展有明显的促进作用，税收负担对医养结合养老服务业的发展有明显的抑制作用。

第六，本书通过借鉴国外发达国家医养结合养老服务业财税政策经验，提出了促进我国医养结合养老服务业发展的财税政策建议。

医养结合养老服务体系的发展不仅关乎3.1亿老年群体的福祉，更是实现积极老龄化国家战略的关键制度创新，对完善社会保障体系、促进代际公平具有深远意义。通过构建中国式医养结合财税政策范式，可为共建"一带一路"的老龄化加速国家提供制度设计参考，增强在全球健康治理中的话语权。

尽管本书为财税政策促进医养结合养老服务业发展提供了初步的实证分析，但由于问题本身的复杂性、数据可获得性和个人能力所限，书中仍存在一定的局限性。首先，财税政策文本分析只停留在政策本身，无法全面探析每一条政策背后的现实背景。其次，在对医养结合服务需求影响因素的实证分析中，仅对主要影响因素进行了重点分析。随着时间的推移和老年人观念的变化，在未来可能不具有代表性。最后，本书从省域层面探究财税政策对医养结合养老服务业发展的影响效应，实证深度有限。在下一步研究中可以从市级或县域方面展开分析，实证结果将更具有准确性。本书作者相信，未来通过研究制定适配深度老龄化阶段的财税政策体系，激发医养融合产业创新活力，将成为应对我国深度老龄化的重要方向之一。

主要参考文献

[1]   ANTTONEN A, MEAGHER G, VABØ M, et al.
Marketisation in Nordic eldercare：a research report on
legislation, oversight, extent and consequences ［J］.
International Journal of Care and Caring, 2017, 1（2）：
295-296.

[2]   ARAI H, OUCHI Y, TOBA K, et al. Japan as the front-
runner of super-aged societies：perspectives from medicine
and medical care in Japan ［J］. Geriatrics & Gerontology
International, 2015, 15（6）：673-687.

[3]   BLOOM S. The history and growth of the rural PACE center
［J］. Generations：Journal of the American Society on Aging,
2019, 43（2）：84-87.

[4]   BRIGGS A D M, GÖPFERT A, THORLBY R, et al.
Integrated health and care systems in England：can they help
prevent disease? ［J］. Integrated Healthcare Journal,
2020, 2（1）.

[5]   COLLINS M L, HUGHES G. Supporting pension

contributions through the tax system： outcomes， costs and examining reform ［J］． Economic and Social Review， 2017， 48（4）： 489-514.

[6] FALVEY J R， GUSTAVSON A M， PRICE L， et al. Dementia， comorbidity， and physical function in the program of all-inclusive care for the elderly ［J］． Journal of Geriatric Physical Therapy， 2019， 42（2）： E1-E6.

[7] FLANAGAN E H， WYATT J P， PAVLO AJ， et al. Care integration goes beyond co-location： creating a medical home ［J］． Administration and Policy in Mental Health and Mental Health Services Research， 2023， 51（3）： 123-133.

[8] FRANK C， WILSON C R. Models of primary care for frail patients ［J］． Canadian Family Physician， 2015， 61（7）： 601-606.

[9] GIGUERE A M C， FARMANOVA E， HOLROYD-LEDUC J M， et al. Key stakeholders' views on the quality of care and services available to frail seniors in Canada ［J］． BMC Geriatrics， 2018， 18（1）： 290.

[10] GÓMEZ N J P. EP02.44： Family and community health model： integrated health care ［J］． Ultrasound in Obstetrics & Gynecology， 2023， 62（S1）： 116.

[11] GONZALEZ L. Will for-profits keep up the pace in the United States? The future of the program of all-inclusive care for the elderly and implications for other programs serving medically vulnerable populations ［J］． International Journal of Health Services： Planning, Administration, Evaluation, 2021, 51（2）： 195-202.

[12] GUJARATI D N， PORTER D C. Basic econometrics ［M］． New York： McGraw-Hill Education， 2008.

[13] HUMPHRIES R. Integrated health and social care in England-progress and prospects ［J］． Health Policy（Amsterdam， Netherlands）， 2015， 119（7）： 856-859.

[14] IIJIMA K, ARAI H, AKISHITA M, et al. Toward the development of a vibrant, super-aged society: the future of medicine and society in Japan [J]. Geriatrics & Gerontology International, 2021, 21 (8): 601-613.

[15] MARTINS F G L, CAMPANI C H. Income tax on PGBL and VGBL pension plans: analysis of progressive and regressive forms of taxation [J]. Review of Business Management, 2021, 23 (2): 388-404.

[16] MARUTHAPPU M, HASAN A, ZELTNER T. Enablers and barriers in implementing integrated care [J]. Health Systems & Reform, 2015, 1 (4): 250-256.

[17] MEDAISKIS T, GUDAITIS T. Evaluation of second pillar pension funds' supply and investment strategies in Baltics [J]. Journal of Business Economics and Management, 2017, 18 (6): 1174-1192.

[18] PLOEG J, MATTHEW-MAICH N, FRASER K, et al.Managing multiple chronic conditions in the community: a Canadian qualitative study of the experiences of older adults, family caregivers and healthcare providers [J]. BMC Geriatrics, 2017, 17 (1): 1-15.

[19] STEFANACCI R G, REICH S, CASIANO A. Application of PACE principles for population health management of frail older adults [J]. Population Health Management, 2015, 18 (5): 367-372.

[20] THEOBALD H, LUPPI M. Elderly care in changing societies: concurrences in divergent care regimes-a comparison of Germany, Sweden and Italy [J]. Current Sociology, 2018, 66 (4): 629-642.

[21] THOMAS P, BURCH T, FERLIE E, et al. Community-oriented integrated care and health promotion - views from the street [J]. London Journal of Primary Care, 2015, 7 (5): 83-88.

［22］ TONG M. The application and development of PPP mode in hospital, medical and elderly care service industries ［M］ // WANG T, HAN Z, YANG Y. Annual Report on The Development of PPP in China. Singapore：Springer，2020：145-156.

［23］ WODCHIS W, DIXON A, ANDERSON G, et al. Integrating care for older people with complex needs：key insights and lessons from a seven - country cross - case analysis ［J］. International Journal of Integrated Care，2015，15（6）.

［24］ 安娜.《2022年度国家老龄事业发展公报》发布［N］. 中国社会报，2023-12-25（A1）.

［25］ 班晓娜，葛稣. 机构养老与政府职能：日本经验及启示［J］. 大连海事大学学报（社会科学版），2014，13（3）：43-47.

［26］ 鲍捷，毛宗福. 我国医养结合服务的公共物品理论浅析［J］. 卫生经济研究，2015（6）：26-29.

［27］ 步达，徐蕴，陈明，等. 协同理论视域下的养老护理人才培养：现实困境、理论依据与实践路径［J］. 中国卫生事业管理，2022，39（9）：695-698；703.

［28］ 曹永红，丁建定. 日本社会养老服务体系发展及介护服务人才培养镜像［J］. 中国社会工作，2018（16）：56-57.

［29］ 柴化敏. 英国养老服务体系：经验和发展［J］. 社会政策研究，2018（3）：79-96.

［30］ 陈迪红，孙福伟. 中国城镇居民养老保障水平的区域差异研究——基于2007—2016年区际面板数据的实证分析［J］. 财经理论与实践，2019，40（3）：46-51.

［31］ 陈功，赵新阳，索浩宇.“十四五”时期养老服务高质量发展的机遇和挑战［J］. 行政管理改革，2021（3）：27-35.

［32］ 陈坤，李士雪. 医养结合养老服务模式可行性、难点及对策研究［J］. 贵州社会科学，2018（4）：65-70.

［33］ 陈叔红. 养老服务与产业发展［M］. 长沙：湖南人民出版社，2007.

［34］ 陈岩，杨翠迎. 医养结合与老年健康管理服务利用——来自医养

结合试点城市的经验证据 [J]. 财经研究，2023，49（12）：121-135.

[35] 陈莹如，张秋，麦耀钧. 我国基层医疗卫生机构医养结合养老服务的现状及对策研究 [J]. 卫生软科学，2022，36（9）：31-35.

[36] 崔树义，杨素雯. 健康中国视域下的"医养结合"问题研究 [J]. 东岳论丛，2019，40（6）：42-51；191-192.

[37] 崔晓睿，冯世花，申炜垌，等. 长治市老年人医养结合需求现状及影响因素分析 [J]. 长治医学院学报，2021，35（4）：302-306.

[38] 戴卫东，付王巧. 贫困失能老年人长期护理津贴救助的财政投入——基于老年福利津贴整合的视角 [J]. 财经论丛，2021（6）：33-44.

[39] 范庆梅，陈乐，吴猛，等. 医养结合视角下养老机构医疗服务供给现存问题及对策 [J]. 中国老年学杂志，2021，41（3）：658-661.

[40] 费果. 国外养老服务机构建设及运营模式 [N]. 中国社会报，2013-05-29（A3）.

[41] 封铁英，南妍. 医养结合养老模式实践逻辑与路径再选择——基于全国养老服务业典型案例的分析 [J]. 公共管理学报，2020，17（3）：113-125；173.

[42] 冯佳. 基于政府干预理论的我国养老产业财税政策研究 [J]. 财会通讯，2019（26）：124-128.

[43] 冯玉莹. 中老年人医养结合养老需求的影响因素 [J]. 中国老年学杂志，2020，40（24）：5325-5328.

[44] 付诚，韩佳均. 医养结合养老服务业发展对策研究 [J]. 经济纵横，2018（1）：28-35.

[45] 高美林，栾佳蔚，马红燕，等. 持续照料退休社区（CCRC）运营成本及风险研究——以武汉市"合众优年生活持续健康退休社区"为例 [J]. 中国市场，2015（16）：88-91.

[46] 高培勇. 公共财政：概念界说与演变脉络——兼论中国财政改革30年的基本轨迹 [J]. 经济研究，2008，43（12）：4-16.

[47] 高鹏，杨翠迎，周彩．医养结合与老年人健康养老［J］．财经研究，2022，48（4）：124-138．

[48] 高鹏．我国社区居家医养结合服务实践模式：评价、优选与实施效果研究［D］．上海：上海财经大学，2023．

[49] 管永昊．我国公共财政理论发展的困境与出路［J］．当代经济研究，2009（3）：67-71．

[50] 郭东，李惠优，李绪贤，等．医养结合服务老年人的可行性探讨［J］．国际医药卫生导报，2005（21）：43-44．

[51] 郭佩霞，胡彬．支持养老服务业发展的税收政策探析［J］．税务研究，2018（1）：36-41．

[52] 韩烨，付佳平．中国养老服务政策供给：演进历程、治理框架、未来方向［J］．兰州学刊，2020（9）：187-198．

[53] 韩蕴琪．"医养结合"养老服务供给侧改革中的政府行为研究［D］．南宁：广西大学，2017．

[54] 何代欣，朱钰凤．积极应对人口老龄化的财税政策建议［J］．税务研究，2022（8）：105-109．

[55] 蒋金鑫．福利多元主义视角下"医养结合"养老服务问题研究［D］．济南：山东师范大学，2018．

[56] 景鑫．福利多元主义视角下老年人医养结合养老模式存在的问题与对策［J］．社会与公益，2020（11）：73-74．

[57] 李娟．养老事业与养老产业协同发展的学理性思考［J］．上海大学学报（社会科学版），2023，40（1）：115-127．

[58] 李萌．支持我国养老服务体系发展的财税政策研究［D］．北京：财政部财政科学研究所，2015．

[59] 李琦，袁蓓蓓，何平，等．英国"购买与提供分开"下的健康服务整合改革及启示［J］．中国卫生政策研究，2020，13（9）：22-26．

[60] 李雨薇．促进我国养老业发展的财税政策研究［J］．中国市场，2019（10）：10-12．

[61] 李源．云南公立医院参与"医养结合"养老模式研究——以A医院为例［J］．昆明：云南财经大学，2021．

[62] 李长远，张会萍．医养结合养老服务供给主体角色定位及财政责

任边界 [J]. 当代经济管理，2021，43（2）：65-72.

[63] 李长远. 医养结合养老服务的实践探索与推进策略——基于3个典型试点地区的观察 [J]. 西南金融，2022（2）：67-78.

[64] 刘春芝，时晨晨. 人口老龄化背景下我国医养结合的财税支持政策 [J]. 沈阳师范大学学报（社会科学版），2024，48（4）：61-69.

[65] 刘红. 中国机构养老需求与供给分析 [J]. 人口与经济，2009，175（4）：59-64；71.

[66] 刘清发，孙瑞玲. 嵌入性视角下的医养结合养老模式初探 [J]. 西北人口，2014，35（6）：94-97.

[67] 刘晓楚，蔚坤妍，顾立，等. 医养结合型养老机构老年人服务需求属性及影响因素 [J]. 护理研究，2020，34（19）：3373-3381.

[68] 罗森. 财政学 [M]. 郭庆旺，赵志耘，译. 7版. 北京：中国人民大学出版社，2006.

[69] 吕阳. 促进养老服务业发展的财税政策研究 [D]. 武汉：中南财经政法大学，2019.

[70] 马菊花. 促进我国养老服务体系发展的税制检视及补正 [J]. 地方财政研究，2023（6）：15-27；39.

[71] 孟颖颖. 我国"医养结合"养老模式发展的难点及解决策略 [J]. 经济纵横，2016（7）：98-102.

[72] 苗晓娜，杭嘉敏，林家乐. 健康中国战略下我国现阶段医养结合发展困境分析 [J]. 中国医学伦理学，2023，36（12）：1364-1369.

[73] 穆怀中. 财政养老转移支付、人口城镇化与养老保险均衡发展——基于养老人口红利均衡配置视角 [J]. 财政研究，2023（4）：18-31.

[74] 时晨晨，刘春芝. PPP模式下医养结合税收支持政策优化研究 [J]. 理论界，2023（3）：44-50.

[75] 史俊. 基于老年人健康差异下的养老院建筑设计研究 [D]. 苏州：苏州科技大学，2016.

[76] 苏才立，刘晔. 以新一轮财税体制改革助力中国式现代化 [J].

财政监督，2024（16）：13-19．

[77]　孙倩璐，陆杰华．关于养老服务业税收政策创新的国际借鉴与启示的思考［J］．老龄科学研究，2016，4（3）：63-70．

[78]　汤梦君．地区综合关怀体系：日本老龄护理制度改革的新趋向［J］．社会福利（理论版），2018（5）：14-19．

[79]　滕泰，刘哲．供给侧改革的经济学逻辑——新供给主义经济学的理论探索［J］．兰州大学学报（社会科学版），2018，46（1）：1-12．

[80]　王浩林，张鸿宇．促进养老服务高质量发展的财税政策研究［J］．税务研究，2021（7）：118-121．

[81]　王娟．PPP模式下医养结合养老服务的有效供给路径［J］．经济研究导刊，2022（36）：62-64．

[82]　王天鑫．基于医养结合的我国养老服务供求研究［D］．长春：东北师范大学，2018．

[83]　王晓洁．人口老龄化下我国养老服务财政保障政策的演进特征及展望［J］．经济与管理，2021，35（1）：13-19．

[84]　王耀增，段利利．金融体系应对人口结构老龄化的供给策略［J］．清华金融评论，2021（5）：69-73．

[85]　王永梅，武佳，纪竞垚．我国家庭养老床位发展现状与城市居民需求特征［J］．社会建设，2023，10（2）：68-82．

[86]　王召青，邢亚男，曲婧，等．基于钻石模型理论的医养结合型养老服务供给侧改革研究［J］．中国全科医学，2018，21（34）：4201-4205．

[87]　韦兵，付舒．基于老年人就医行为的医养结合模式政策支持研究［J］．长白学刊，2023（1）：131-139．

[88]　吴玉韶，王莉莉，等．中国养老机构发展研究报告［M］．北京：华龄出版社，2015．

[89]　谢微，于跃．我国医养结合养老模式合作机制构建及其优化路径研究［J］．行政论坛，2022，29（6）：150-156．

[90]　谢永清，李香菊．应对人口老龄化税收政策的国际经验及中国启示［J］．人口与经济，2023（5）：88-97．

[91]　徐虹霞．基层医疗机构医养结合服务供给能力现状研究［D］．

上海：上海交通大学，2016.

[92] 薛书敏. 我国养老护理员队伍职业化的调研报告 [J]. 吉林广播电视大学学报，2019（2）：77-79.

[93] 杨翠迎. 中国医养结合实践的理性思考：非均衡性与未来发展 [J]. 社会保障评论，2023，7（5）：68-85.

[94] 杨复卫，张新民. 支持养老产业发展的财税政策工具选择与应用研究 [J]. 西南大学学报（社会科学版），2017，43（6）：49-59；193-194.

[95] 杨文杰. 中国特色医养结合服务模式发展研究 [J]. 河北大学学报（哲学社会科学版），2017，42（5）：138-144.

[96] 张凡. 日本养老护理机构：分类·设置·管理·运营 [J]. 社会福利（实务版），2011（1）：55.

[97] 张岩松，等. 社会养老服务体系建设研究 [M]. 大连：东北财经大学出版社，2016.

[98] 赵晓征. 日本养老政策法规及老年居住建筑分类 [J]. 世界建筑导报，2015（3）：27-29.

[99] 赵志耘，吕冰洋. 财政投资的外溢效应分析 [J]. 财贸经济，2007（10）：55-60.

[100] 郑岩，张红卓. 财税政策支持养老金融发展的国际经验及启示 [J]. 金融发展研究，2023（11）：38-45.

[101] 郑研辉，郝晓宁. 社区医养结合服务模式比较研究 [J]. 兰州学刊，2021（1）：201-208.

[102] 钟慧澜，章晓懿. 从国家福利到混合福利：瑞典、英国、澳大利亚养老服务市场化改革道路选择及启示 [J]. 经济体制改革，2016（5）：160-165.

[103] 朱孟斐，朱孔来，姜文华. 加快推广运用医养结合优化模式 [J]. 宏观经济管理，2020（5）：78-82.

[104] 朱文佩，林义. 日本"医养结合"社区养老模式构建及对我国的启示——基于制度分析视角 [J]. 西南金融，2022（1）：76-87.

索引